城市轨道交通
安全性评估案例解析

肖 辉 张元见 杨伟红 薛华俊 主编

中国建筑工业出版社

图书在版编目（CIP）数据

城市轨道交通安全性评估案例解析 / 肖辉等主编
. — 北京：中国建筑工业出版社，2024.3
ISBN 978-7-112-29707-8

Ⅰ.①城…　Ⅱ.①肖…　Ⅲ.①城市铁路 - 交通运输安
全 - 交通运输管理 - 风险管理 - 案例　Ⅳ.①U239.5

中国国家版本馆 CIP 数据核字（2024）第 064034 号

责任编辑：刘颖超
责任校对：李欣慰

城市轨道交通安全性评估案例解析

肖　辉　张元见　杨伟红　薛华俊　主编

*
中国建筑工业出版社出版、发行（北京海淀三里河路 9 号）
各地新华书店、建筑书店经销
国排高科（北京）信息技术有限公司制版
临西县阅读时光印刷有限公司印刷
*
开本：787 毫米×1092 毫米　1/16　印张：11¾　字数：239 千字
2024 年 4 月第一版　　2024 年 4 月第一次印刷
定价：**128.00** 元
ISBN 978-7-112-29707-8
（42223）

本书编委会

主　编

肖　辉　张元见　杨伟红　薛华俊

副主编

李志鹏　王硕华　刘春英　李国欣　王伯冠　孙　强

编　委

杨建国　孟亚军　辛天然　肖　勋　孙一斌　赵瑞家
刘若坤　冯　蒙　李延普　刘鑫坦　刘佳欣　闫　冬
李　朝　陈　亮　王锡武　孔德龙　刘笑竹　刘洪建
秦　玥　张文超　王继国　刘建银　孙　嘉　马海山
于至海　谷群涛　刘　凯　王　兆　程　乾　樊智豪
郭丽荣　张永生　魏伟庆　刘佳龙　文添民　郑靖东

CONTENTS

目 录

第 1 章

绪 论

近年来，我国城市轨道交通飞速发展，通车运营里程逐年攀升，轨道交通的普及方便了居民出行、通勤和旅游，缓解了交通拥堵。截至 2022 年 12 月 31 日，31 个省（自治区、直辖市）共有 53 个城市开通运营城市轨道交通线路 290 条，运营里程 9584km，车站 5609座。2022 年，新增城市轨道交通运营线路 21 条，新增运营里程 847km。

城市轨道交通大都建于地下，具有封闭性强、运行速度高、起停频繁、客流量大等特点。在建筑和路网密集的城市区域建设轨道交通，不可避免地要下穿、侧穿、邻近地面建（构）筑物。这些受影响范围内的建（构）筑物，就构成了轨道交通建设的风险源。依据《城市轨道交通地下工程建设风险管理规范》GB 50652—2011，风险源按损失等级和可能性等级，划分为Ⅰ级（不可接受）、Ⅱ级（不愿接受）、Ⅲ级（可接受）、Ⅳ级（可忽略）。在规划阶段，由专业的风险评估单位，对规划轨道交通线路沿线进行逐一排查，通过对地下工程穿越、邻近风险源程度的不同来量化损失等级和可能性等级，并结合地下工程自身的风险评价，综合划分风险源的风险等级，最终形成《风险评估报告》递交给建设单位。

建设单位在拿到《风险评估报告》以后，开始建设方的风险管理工作。其中，轨道交通建设对风险源的安全性影响，在轨道交通规划、设计之初，就作为一项重要的工作通过专项招标委托专业的公司开展。目前，国内一线城市、部分二线城市的轨道交通建设中都已开展此项工作。主流城市的做法是，依据《城市轨道交通地下工程建设风险管理规范》GB 50652—2011，将划分为Ⅰ、Ⅱ级的风险源列为安全性影响评估范围。另外，根据《国务院办公厅关于保障城市轨道交通安全运行的意见》中特别强调以人为本、安全第一的原则，要把人民生命财产安全放在首位。城市轨道交通建设，安全大于天，人命重于天。开展好轨道交通安全性影响评估工作对保证沿线建（构）筑物的建设安全将发挥至关重要的作用。

城市轨道交通一般位于城市建筑密集区域，地下工程结构复杂，施工难度大，潜在建设风险种类多，风险损失大。地铁施工往往具有工程量大、施工环境复杂、技术难度高和隐蔽性强等显著特点，城市轨道交通施工过程中若发生安全事故，直接威胁施工人员和周边群众的人身安全，造成重大的社会影响。根据公开资料显示，当前地铁建设过程中，出现过几次比较严重的安全事故。典型案例如 2021 年 3 月 25 日天津地铁 4 号线南段出入口地连墙坍塌事故（图1），共造成 4 人死亡、1 人轻伤，直接经济损失 668 万元，7 人被追究刑事责任。根据事故调查报告，涉事工程西侧 27m 地连墙及 20m 冠梁下部的临时支撑墙被全部凿除、钢筋被切除，造成冠梁及部分地连墙失去支撑而失稳下滑侧移，导致冠梁上部的砖砌挡水墙及部分土方掉落在附属结构顶板、通道和新风井内，砸中通道及新风井内正在进行清理作业的工人，是导致本次事故的直接原因。

图 1　事故现场照片

城市轨道交通穿越邻近建筑物安全性影响评估项目，实施过程一般由风险评估报告揭示风险源，由设计单位向建设单位提出评估需求，然后由建设单位进行专项招标后，由专业的评估单位进场对风险源进行安全性影响评估。评估过程一般和检测鉴定一起进行，检测鉴定为后续评估提供风险源的结构安全性现状。安全性评估报告借助于专业的三维有限元软件，建立地层-地铁-风险源交互模型，依据施工方案和设计图纸，模拟地下工程整个施工过程。依据地质勘察报告，设定不同土层的土力学参数和耦合边界条件。软件能精确数值模拟各个施工步序下的地层变化趋势，为设计提供依据，并可研判施工方案的优劣，为后续施工提供监测预警值、控制值。以地下明挖法车站为例，其围护结构邻近风险源时，围护结构的刚度设计目标与成本目标就构成一个经济矛盾，如何使围护结构方案既能保证安全，又实现经济节约的目标，是设计要解决的主要矛盾。在风险源评估过程中，评估单位已经和设计单位达成默契，利用穷举方案不断试算，最终找到最佳经济效益的方案。事实证明风险源的安全性影响评估，能有效地避免风险事故的发生，并最大限度地实现节约经济的目标。

开展风险源安全性影响评估工作，一般由设计院开始切入。与设计对接后，评估单位向设计单位提交需求资料清单，这些资料一般包括地质勘察报告、地下工程结构设计图、围护结构设计图（初步设计）、施工方案等。评估单位拿到资料后，根据地勘报告揭露的场地钻孔剖面，建立地层模型，再根据设计图纸，在地层模型中模拟地下工程结构。根据风险源的单一模型验算结果，在地层模型里输入荷载效应实现交互过程。最后，由软件模拟验算地下工程在各个施工工序下的地层变形趋势。通过对比不同方案的变形值与预警值、控制值的差值，来优选经济最佳方案。风险源安全性影响评估报告一般包括工程概况、评估依据、评估对象和内容、风险源结构安全分析、地层变形分析、评估结论和控制要点及建议等章节构成。工程概况重点介绍风险源与地下工程的相对位置关系以及影响程度。风险源结构安全分析一般要对风险源现状进行安全性鉴定，通过结构安全性鉴定，确定其安全性等级、剩余变形能力等指标。有条件时，对于变形敏感的建筑，要用地层变形模拟的结果，按强制位移输入建筑验算模型里，按位移法方程求解结构附加内力和结构变形，按规范允许应力比和变形值（沉降值、倾斜值），参考《民用建筑可靠性鉴定标准》GB 50292—2015 中 B 级评级时各类构件集中不同评级构件的比例限制，推导出其剩余变形能力指标数值，最后确定地面变形控制值、预警值。地层变形计算的要点是地层模型尽量贴近实际钻孔揭露的地层分布，土层力学参数设定要合理，边界耦合条件要设置得当，渗流影响分析要叠加进工序施工流程。土层力学参数设定在不同的软件里，计算结果会有差异，应分析原因，找到最佳的设置，使计算结果无限贴近实际。负责任的工程师，一般会追踪后续施工的监测数据，与模拟计算数据一一比对，以更正不恰当的模拟设置条件，为下次优化打下坚实的数据库基础。形成风险源评估报告以后，一般要在工程所在地召开专家评审会，邀请轨道交通土建工程领域里的甲方、设计、施工、检测各行业的专家，对评估报告进行专家评审，通过评审的评估报告才能作为设计依据正式出版，否则要改稿乃至重新评审。

城市轨道交通地下工程包括车站基坑、区间隧道、联络通道、出入口、风井及附属地下设施等，地下工程普遍存在穿越、侧穿或者邻近地上建（构）筑物。地下车站工程的施工方法分为明挖法、盖挖法、暗挖法、沉管法、混合法五种，每种工法又按工序、机械使用的不同进一步划分多种工法。明挖法车站施工是地下车站诸多施工方法中经济合理、技术安全、工艺成熟的一种施工工法，在场地条件和地面交通条件允许的情况下，应优先选用明挖法施工。但同时车站明挖法施工也是对交通疏解影响最大的一种施工工法，由于其工法简单、工期较短、造价低、质量容易保证等诸多优点，是目前城市轨道交通施工中首选工法。一线城市由于经济实力雄厚，多采用暗挖法、盖挖法，对地面交通影响程度较小。二线城市车站工程多采用明挖法。隧道施工主要采用盾构法、暗挖法等。隧道盾构法施工具有施工速度快、洞体质量比较稳定、对周围建筑物影响较小等特点，适合在软土地基段施工。缺点是断面尺寸多变的区段适应能力差。新型盾构购置费昂贵，对施工区段短的工程不太经济。工人的工作环境差，工作危险系数高。隧道暗挖法施工有矿山法、人工开挖法等，适用于岩质地层。不管使用哪种工法，对风险源的影响都是客观存在的。在积累了一定经验后，工程师都会熟稔每种工法的技术优劣及成本造价，在选择工法时会更加得心应手。地下工程的设计图里是要具体到工法、工序的。

　　本书作者曾多次参与国内城市的轨道交通安全性影响评估项目,积累了大量工程经验。本书收集了近年来的大量的工程实例,涵盖了多种地下工程类型、地面风险源类型,通过翔实的计算过程展示,验算结果呈现,实际变形监测数据与变形预测数据比对,为安全性影响评估工作提供了可供借鉴的技术路线,并诚挚地希望每位读者都能从中获取养分、吸取经验。

第 2 章

盾构隧道侧穿既有三层混凝土框架结构房屋

2.1 工程概况

盾构隧道侧穿既有房屋建于 2015 年，结构类型为地上 3 层混凝土框架结构，建筑面积为 2592m²，结构总长度为 48.0m，总宽度为 18.0m，高度为 15.5m。建筑外观如图 2.1-1 所示。

图 2.1-1　既有结构建筑外观图

盾构隧道施工过程中易对既有房屋产生一定程度的扰动，可能会引起既有房屋不均匀沉降、开裂等风险，该工程施工为Ⅱ级风险。

2.2 地质条件

根据钻探资料及室内土工试验结果，按地层沉积年代、成因类型，将本工程场地勘探范围内的土层划分为人工堆积填土层（Q_4^{ml}）、第四系全新统冲洪积层（Q_4^{al+pl}）、白垩系泥岩层（K）、白垩系砂岩层（K）四大类。并按地层岩性及其物理力学性质进一步分为 10 个亚层，土层物理力学参数见表 2.2-1。

本场地位于剥蚀丘陵，根据本次勘察所揭示的地层情况，勘探深度内所揭露地层从新到老详细分述如下：

（1）人工堆积填土层（Q_4^{ml}）

杂填土①层：杂色，湿，松散，以黏性土为主，含大量建筑垃圾、砖渣、生活垃圾等，局部表层为混凝土地面或沥青路面。本层土厚度 1.50～5.10m，层底标高 197.60～201.59m。

（2）第四系全新统冲洪积层（Q_4^{al+pl}）

粉质黏土②$_{A2-1}$层：黄褐—灰褐色，可塑，摇振无反应，稍光滑，干强度和韧性中等，压缩模量为 4.4MPa，压缩系数为 0.42MPa^{-1}，中等压缩性。标准贯入试验锤击数实测值 4～8 击，平均 5 击/30cm。本层土层厚度 0.70～4.30m，层底标高 195.10～199.91m。

有机质粉质黏土②$_{A2}$层：灰褐—灰黑色，可塑，摇振无反应，稍光滑，干强度和韧性中等，含有机质，压缩模量为 4.9MPa，压缩系数为 0.38MPa^{-1}，中等压缩性。标准贯入试验锤击数实测值 5～11 击，平均 7 击/30cm。本层土厚度 1.60～8.50m，层底标高 191.84～196.21m。

中粗砂②$_{A7}$层：灰褐色、青灰色、灰色，中密，饱和，矿物成分主要由石英、长石组成，级配一般，标准贯入试验锤击数实测值 19～34 击，平均 25 击/30cm。本层砂厚度 1.10～5.20m，层底标高 188.67～193.81m。

（3）白垩系泥岩层（K）

全风化泥岩③$_1$层：紫红色、棕红色、灰绿色，泥质结构，层状构造，原岩结构基本破坏，有少量残余结构强度，泥岩呈黏土状，硬塑—坚硬状态，遇水易软化，易崩解，失水硬化干裂，易钻进，泥岩岩芯较完整，局部夹泥质粉砂岩，呈砂土状，强度较泥岩高，局部见少量钙质胶结砂岩，岩芯破碎。标准贯入试验锤击数实测值 31～49 击，平均 39 击/30cm。本层泥岩厚度 0.80～5.50m，层底标高 186.07～189.80m。

强风化泥岩③$_2$层：紫红色、棕红色、灰绿色，泥质结构，层状构造，原岩结构大部分被破坏，风化裂隙发育，泥岩岩芯呈柱状—长柱状，遇水易软化，易崩解，失水硬化干裂，较难钻进，局部夹粉砂岩，粉砂岩呈块状及短柱状，局部见钙质胶结砂岩强度较泥岩高，泥岩岩芯较完整，砂岩岩芯较破碎。标准贯入试验锤击数实测值 51～100 击，平均 71 击/30cm，单轴抗压强度（天然）平均值为 0.2MPa，为极软岩。岩体破碎，岩体基本质量等级为 V 级，RQD 为 35%～45%。本层泥岩厚度 1.10～7.30m，层底标高 180.58～187.15m。

中风化泥岩③$_3$层：紫红色、棕红色、灰绿色，局部褐红色，泥质结构，层状构造，原岩结构部分破坏，风化裂隙较发育，泥岩岩芯呈长柱状，遇水易软化，易崩解，失水硬化干裂，钻进难度增大，局部夹粉砂岩，粉砂岩呈块状及柱状，强度较泥岩高。标准贯入试验锤击数实测值 107～191 击，平均 147 击/30cm，单轴抗压强度（天然）平均值为 0.7MPa，为极软岩。岩芯呈柱状，岩体较为完整，岩体基本质量等级为 V 级，RQD 为 75%～85%。本次勘察未揭穿该土层。

（4）白垩系砂岩层（K）

全风化砂岩④₁层：灰褐色、青灰色、灰白色，局部灰绿色，岩芯呈砂状，中密—密实状态，无残余结构强度，母岩结构基本破坏，矿物成分以石英、长石为主，手掰即散，干钻可钻进，局部夹泥岩层。标准贯入试验锤击数实测值 31～75 击，平均 43 击/30cm，为极软岩。本层砂厚度 1.30～4.70m，层底标高 185.99～190.00m。

强风化砂岩④₂层：灰褐色、青灰色、灰白色，局部灰绿色，砂粒结构，泥质胶结，岩芯呈碎石状及柱状，有少量残余强度，手掰不易碎，结构大部分破坏，可见原岩结构，用手不易掰碎，敲击易碎，干钻不易钻进，局部夹泥岩层。标准贯入试验锤击数实测值 81～186 击，平均 101 击/30cm，单轴抗压强度（天然）平均值为 0.2MPa，为极软岩。岩体破碎，岩体基本质量等级为 V 级，RQD 为 35%～45%。本层局部缺失，厚度 1.00～8.10m，层底标高 179.05～187.41m。

中风化砂岩④₃层：灰褐色、青灰色、灰白色，砂粒结构，泥质胶结，岩芯呈块及柱状，岩块坚硬，RQD 为 60%～85%。矿物成分以石英、长石为主，干钻不易钻进，局部夹泥岩层。标准贯入试验锤击数实测值 214～300 击，平均 234 击/30cm，单轴抗压强度（天然）平均值为 2.4MPa，为极软岩。岩芯呈柱状，岩体较为完整，岩体基本质量等级为 V 级，RQD 为 75%～85%。本次勘察未揭穿该土层。

拟建会展大街站—自由大路站区间位于水文地质 I 单元，本次勘察观测到两层地下水，分别为台地冲积洪积黄土状土孔隙水（二）和网状风化裂隙水（五）。

本次勘察共布置专门水位测量孔 2 个，利用 1 个（XQ7HZ～12、XQ7HZ～86、XZ7ZY～01），观测到地下水位埋深 2.80～3.50m，标高 198.88～200.02m，观测时间：2019 年 1 月～2019 年 2 月。地下水主要赋存于粉质黏土层、砂土层、风化泥岩层和风化砂岩中。各层含水介质无相对隔水层，水力联系密切，整体呈现潜水（二）性质，可按照一层地下水考虑。

主要接受大气降水入渗补给，以蒸发、向下越流方式排泄。低水位期为 4～6 月，高水位期为 9～10 月，静水位年变幅 2.0～3.0m，动水位年变幅达 3.0m 以上。

土层物理力学参数　　　　　　　　　　　　　　　　　　　　　　　　表 2.2-1

地层编号	地层名称	重度（kN/m³）	静止侧压力系数	黏聚力（kPa）	内摩擦角（°）	水平基床系数（MPa/m）	垂直基床系数（MPa/m）	渗透系数（m/d）	承载力特征值（kPa）
①	杂填土	17.5	—	5	8	—	—	—	—
②_{A2-1}	粉质黏土	19.3	0.48	27	14	24	22	0.50	158
②_{A2}	有机质粉质黏土	19.2	0.48	27	14	29	28	0.50	163

续表

地层编号	地层名称	重度（kN/m³）	静止侧压力系数	黏聚力（kPa）	内摩擦角（°）	水平基床系数（MPa/m）	垂直基床系数（MPa/m）	渗透系数（m/d）	承载力特征值（kPa）
②$_{A7}$	中粗砂	21	0.38	0	28	35	30	30	280
③$_1$	全风化泥岩	20.3	0.39	33	20	41	35	0.50	290
③$_2$	强风化泥岩	21.1	0.32	40	25	160	135	0.40	450
③$_3$	中风化泥岩	21.6	0.28	100	30	220	200	0.30	600
④$_1$	全风化砂岩	20.3	0.39	35	22	43	36	3.00	310
④$_2$	强风化砂岩	21	0.3	40	28	165	140	0.45	500
④$_3$	中风化砂岩	22.2	0.26	100	35	230	200	0.35	900

2.3 计算模型

本次评估计算采用基于有限元软件 midas GTS NX，建立三维地层-结构模型进行计算。计算模型长度为 150m，宽度为 100m，深度为 40m，计算模型如图 2.3-1 所示。

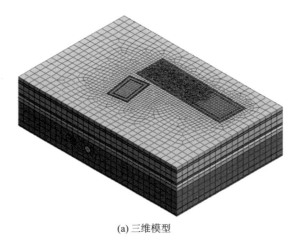

(a) 三维模型

(b) 相对位置关系图

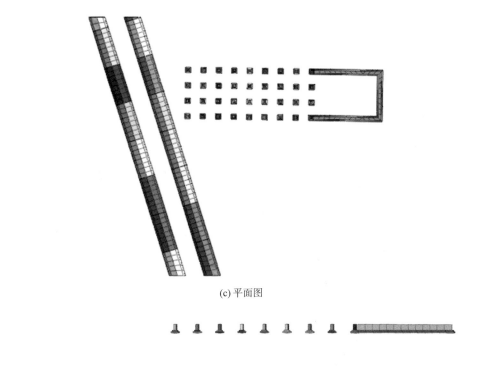

(c) 平面图

(d) 侧视图 1

(e) 侧视图 2

图 2.3-1　计算模型

2.4　计算工序

依据设计图纸，本次计算共 6 个工序，具体施工顺序如图 2.4-1 所示。

（1）工序 1：右线开挖 30m（开挖前区间与既有结构基础之间已经进行注浆加固）；

（2）工序 2：右线开挖 60m；

（3）工序 3：右线开挖 120m（右线开挖结束）；

（4）工序4：左线开挖30m；

（5）工序5：左线开挖60m；

（6）工序6：左线开挖120m（左线开挖结束）。

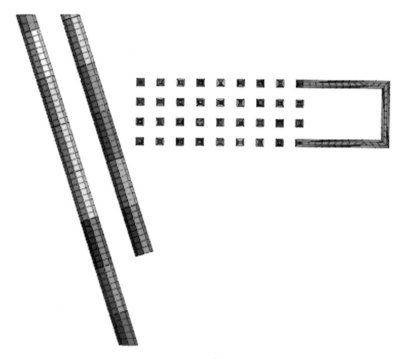

(a) 工序1

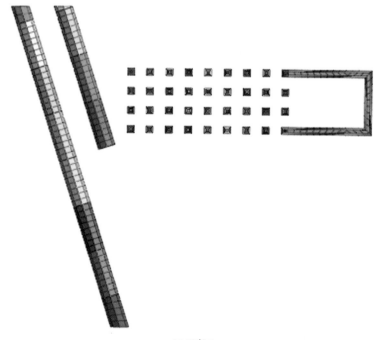

(b) 工序2

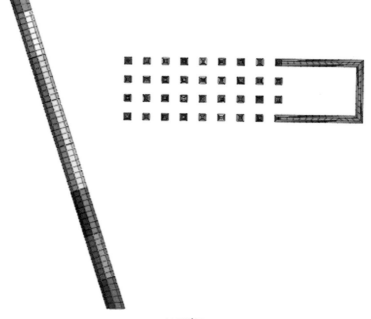

(c) 工序 3

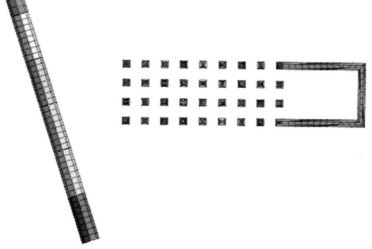

(d) 工序 4

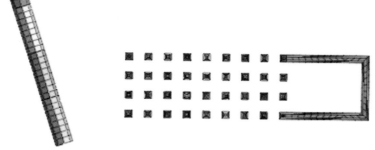

(e) 工序 5

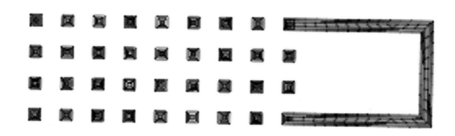

(f) 工序 6

图 2.4-1　计算工序

2.5　沉降及差异沉降

计算结果显示：隧道开挖后，随着围岩应力的释放，既有菲尔德宾馆主楼结构沉降出现先增大后逐渐平稳趋势，既有菲尔德宾馆主楼结构沉降最大值约为 8.37mm，最大差异沉降率约为 0.15‰。各个工序下累积最大沉降及最大差异沉降率如表 2.5-1 所示，沉降云图如图 2.5-1 所示。

各个工序下累积最大沉降及最大差异沉降率（−表示沉降，+表示上抬）　表 2.5-1

工序	累计最大值（mm）	最大差异沉降率（‰）
1	−2.53	0.04
2	−6.11	0.08
3	−7.39	0.10
4	−8.33	0.15
5	−8.36	0.15
6	−8.37	0.15

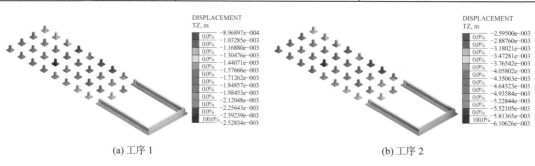

(a) 工序 1　　　　　　　　　　　　　　　　　(b) 工序 2

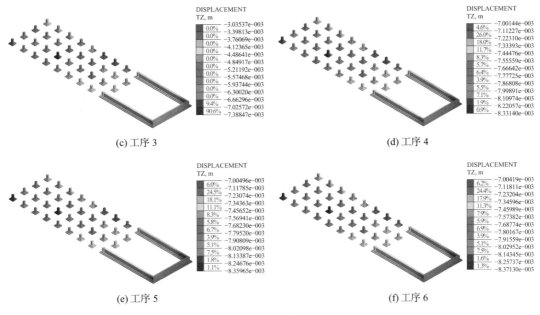

(c) 工序 3　　　　　　　　　　　　　　　　(d) 工序 4

(e) 工序 5　　　　　　　　　　　　　　　　(f) 工序 6

图 2.5-1　沉降变形

2.6　水平位移

计算结果显示：隧道开挖后，随着围岩应力的释放，既有结构产生了一定的水平位移，既有结构东西方向最大水平位移约为 2.04mm，南北方向最大水平位移约为 3.00mm。各个工序下东西向及南北向累积最大位移如表 2.6-1 所示，水平位移云图如图 2.6-1、图 2.6-2 所示。

既有结构水平位移统计表（向西为−，向东为＋）（向南为−，向北为＋）　表 2.6-1

工序	东西方向累计最大值（mm）	南北方向累计最大值（mm）
1	1.84	−2.94
2	1.85	−2.95
3	1.88	−2.96
4	1.93	−2.97
5	1.98	−2.99
6	2.04	−3.00

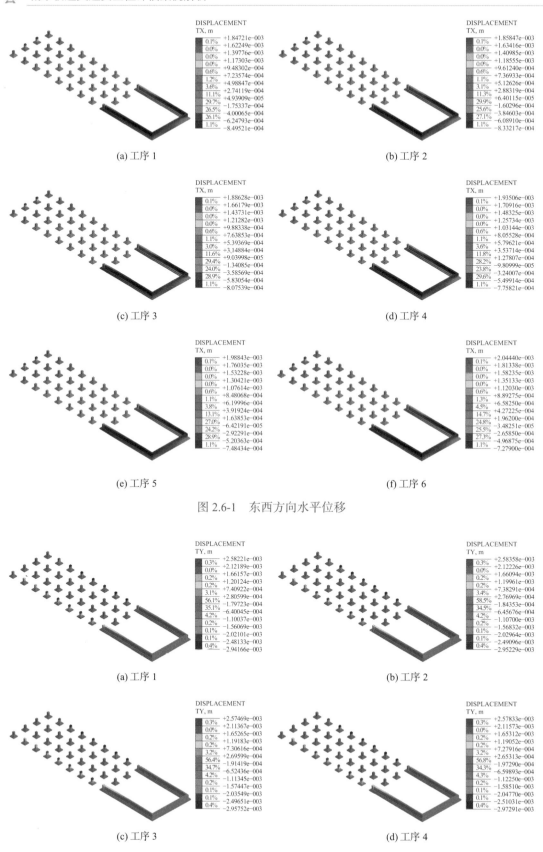

(a) 工序 1　　　　　　　　　　　　(b) 工序 2

(c) 工序 3　　　　　　　　　　　　(d) 工序 4

(e) 工序 5　　　　　　　　　　　　(f) 工序 6

图 2.6-1　东西方向水平位移

(a) 工序 1　　　　　　　　　　　　(b) 工序 2

(c) 工序 3　　　　　　　　　　　　(d) 工序 4

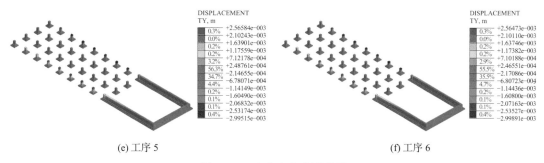

(e) 工序 5　　　　　　　　　　　　　　　　　　(f) 工序 6

图 2.6-2　南北方向水平位移

2.7　评估结论

通过建立三维地层-结构模型进行施工模拟计算，并综合拟建结构施工对既有结构的专项设计和加固等相应措施。在充分研究现有资料和技术措施的前提下，得出如下结论：

（1）隧道开挖后，随着围岩应力的释放，既有菲尔德宾馆主楼结构沉降出现先增大后逐渐平稳趋势，既有菲尔德宾馆主楼结构沉降最大值约为 8.37mm，最大差异沉降率约为 0.15‰。

（2）隧道开挖后，随着围岩应力的释放，既有结构产生了一定的水平位移，既有结构东西方向最大水平位移约为 2.04mm，南北方向最大水平位移约为 3.00mm。

（3）依据相关设计和规范，考虑拟建结构施工对既有菲尔德宾馆主楼结构发生变形的影响，结构极限承载能力满足规范要求。

（4）根据最不利原则，参考数值模拟计算结果、国内类似工程经验，对既有菲尔德宾馆主楼结构推荐如表 2.7-1 所示控制指标值。

既有菲尔德宾馆主楼结构变形推荐控制指标　　　　　　表 2.7-1

项目	预警值（70%）	报警值（85%）	控制值
差异沉降率（‰）	0.70	0.85	1.00
沉降（mm）	10.5	12.8	15.0
变形速率（mm/d）	2		

第 3 章

盾构隧道下穿既有门式钢架结构厂房

3.1 工程概况

盾构隧道下穿房屋建造于 2003 年，结构类型为地上 1 层门式刚架结构，建筑面积为 1132.42m²，结构总长度为 40.90m，总宽度为 38.00m，高度为 5.30m。既有结构建筑外观如图 3.1-1 所示。

图 3.1-1 既有结构建筑外观图

盾构隧道施工过程中易对既有门式钢架结构厂房产生一定程度的扰动，可能会引起既有门式钢架结构厂房不均匀沉降、开裂等风险，该工程施工为 II 级风险。

3.2 地质条件

根据钻探资料及室内土工试验结果，按地层沉积年代、成因类型，将本工程场地勘探范围内的土层划分为人工堆积填土层（Q_4^{ml}）、第四系全新统冲洪积层（Q_4^{al+pl}）、白垩系泥岩层（K）、白垩系砂岩层（K）四大类。并按地层岩性及其物理力学性质进一步分为 10 个亚层，土层物理力学参数如表 3.2-1 所示。

本场地位于剥蚀丘陵，根据本次勘察所揭示的地层情况，勘探深度内所揭露地层从新到老详细分述如下：

（1）人工堆积填土层（Q_4^{ml}）

杂填土①层：杂色，湿，松散，以黏性土为主，含大量建筑垃圾、砖渣、生活垃圾等，局部表层为混凝土地面或沥青路面。本层土厚度 1.50～5.10m，层底标高 197.60～201.59m。

（2）第四系全新统冲洪积层（Q_4^{al+pl}）

粉质黏土②$_{A2-1}$层：黄褐—灰褐色，可塑，摇振无反应，稍光滑，干强度和韧性中等，压缩模量为 4.4MPa，压缩系数为 0.42MPa^{-1}，中等压缩性。标准贯入试验锤击数实测值 4～8 击，平均 5 击/30cm。本层土层厚度 0.70～4.30m，层底标高 195.10～199.91m。

有机质粉质黏土②$_{A2}$层：灰褐—灰黑色，可塑，摇振无反应，稍光滑，干强度和韧性中等，含有机质，压缩模量为 4.9MPa，压缩系数为 0.38MPa^{-1}，中等压缩性。标准贯入试验锤击数实测值 5～11 击，平均 7 击/30cm。本层土厚度 1.60～8.50m，层底标高191.84～196.21m。

中粗砂②$_{A7}$层：灰褐色、青灰色、灰色，中密，饱和，矿物成分主要由石英、长石组成，级配一般，标准贯入试验锤击数实测值 19～34 击，平均 25 击/30cm。本层砂厚度 1.10～5.20m，层底标高 188.67～193.81m。

（3）白垩系泥岩层（K）

全风化泥岩③$_1$层：紫红色、棕红色、灰绿色，泥质结构，层状构造，原岩结构基本破坏，有少量残余结构强度，泥岩呈黏土状，硬塑—坚硬状态，遇水易软化，易崩解，失水硬化干裂，易钻进，泥岩岩芯较完整，局部夹泥质粉砂岩，呈砂土状，强度较泥岩高，局部见少量钙质胶结砂岩，岩芯破碎。标准贯入试验锤击数实测值 31～49 击，平均 39 击/30cm。本层泥岩厚度 0.80～5.50m，层底标高 186.07～189.80m。

强风化泥岩③$_2$层：紫红色、棕红色、灰绿色，泥质结构，层状构造，原岩结构大部分被破坏，风化裂隙发育，泥岩岩芯呈柱状—长柱状，遇水易软化，易崩解，失水硬化干裂，较难钻进，局部夹粉砂岩，粉砂岩呈块状及短柱状，局部见钙质胶结砂岩强度较泥岩高，泥岩岩芯较完整，砂岩岩芯较破碎。标准贯入试验锤击数实测值 51～100 击，平均 71 击/30cm，单轴抗压强度（天然）平均值为 0.2MPa，为极软岩。岩体破碎，岩体基本质量等级为 V 级，RQD 为 35%～45%。本层泥岩厚度 1.10～7.30m，层底标高180.58～187.15m。

中风化泥岩③₃层：紫红色、棕红色、灰绿色，局部褐红色，泥质结构，层状构造，原岩结构部分破坏，风化裂隙较发育，泥岩岩芯呈长柱状，遇水易软化，易崩解，失水硬化干裂，钻进难度增大，局部夹粉砂岩，粉砂岩呈块状及柱状，强度较泥岩高。标准贯入试验锤击数实测值 107～191 击，平均 147 击/30cm，单轴抗压强度（天然）平均值为 0.7MPa，为极软岩。岩芯呈柱状，岩体较为完整，岩体基本质量等级为 V 级，RQD 为 75%～85%。本次勘察未揭穿该土层。

（4）白垩系砂岩层（K）

全风化砂岩④₁层：灰褐色、青灰色、灰白色，局部灰绿色，岩芯呈砂状，中密—密实状态，无残余结构强度，母岩结构基本破坏，矿物成分以石英、长石为主，手捻即散，干钻可钻进，局部夹泥岩层。标准贯入试验锤击数实测值 31～75 击，平均 43 击/30cm，为极软岩。

本层砂厚度 1.30～4.70m，层底标高 185.99～190.00m。

强风化砂岩④₂层：灰褐色、青灰色、灰白色，局部灰绿色，砂粒结构，泥质胶结，岩芯呈碎石状及柱状，有少量残余强度，手捻不易碎，结构大部分破坏，可见原岩结构，用手不易捻碎，敲击易碎，干钻不易钻进，局部夹泥岩层。标准贯入试验锤击数实测值 81～186 击，平均 101 击/30cm，单轴抗压强度（天然）平均值为 0.2MPa，为极软岩。岩体破碎，岩体基本质量等级为 V 级，RQD 为 35%～45%。本层局部缺失，厚度 1.00～8.10m，层底标高 179.05～187.41m。

中风化砂岩④₃层：灰褐色、青灰色、灰白色，砂粒结构，泥质胶结，岩芯呈块及柱状，岩块坚硬，RQD 为 60%～85%。矿物成分以石英、长石为主，干钻不易钻进，局部夹泥岩层。标准贯入试验锤击数实测值 214～300 击，平均 234 击/30cm，单轴抗压强度（天然）平均值为 2.4MPa，为极软岩。岩芯呈柱状，岩体较为完整，岩体基本质量等级为 V 级，RQD 为 75%～85%。本次勘察未揭穿该土层。

拟建会展大街站—自由大路站区间位于水文地质 I 单元，本次勘察观测到两层地下水，分别为台地冲积洪积黄土状土孔隙水（二）和网状风化裂隙水（五）。

本次勘察共布置专门水位测量孔 2 个，利用 1 个（XQ7HZ～12、XQ7HZ～86、XZ7ZY～01），观测到地下水位埋深 2.80～3.50m，标高 198.88～200.02m，观测时间：2019 年 1 月～2019 年 2 月。地下水主要赋存于粉质黏土层、砂土层、风化泥岩层和风化砂岩中。各层含水介质无相对隔水层，水力联系密切，整体呈现潜水（二）性质，可按照一层地下水考虑。

主要接受大气降水入渗补给，以蒸发、向下越流方式排泄。低水位期为 4～6 月，高水位期为 9～10 月，静水位年变幅 2.0～3.0m，动水位年变幅达 3.0m 以上。

土层物理力学参数 表 3.2-1

地层编号	地层名称	重度（kN/m³）	静止侧压力系数	黏聚力（kPa）	内摩擦角（°）	水平基床系数（MPa/m）	垂直基床系数（MPa/m）	渗透系数（m/d）	承载力特征值（kPa）
①	杂填土	17.5	—	5	8	—	—	—	—
②$_{A2-1}$	粉质黏土	19.3	0.48	27	14	24	22	0.50	158
②$_{A2}$	有机质粉质黏土	19.2	0.48	27	14	29	28	0.50	163
②$_{A7}$	中粗砂	21	0.38	0	28	35	30	30	280
③$_1$	全风化泥岩	20.3	0.39	33	20	41	35	0.50	290
③$_2$	强风化泥岩	21.1	0.32	40	25	160	135	0.40	450
③$_3$	中风化泥岩	21.6	0.28	100	30	220	200	0.30	600
④$_1$	全风化砂岩	20.3	0.39	35	22	43	36	3.00	310
④$_2$	强风化砂岩	21	0.3	40	28	165	140	0.45	500
④$_3$	中风化砂岩	22.2	0.26	100	35	230	200	0.35	900

3.3 计算模型

本次评估计算采用基于有限元软件 midas GTS NX，建立三维地层-结构模型进行计算。计算模型长度为 200m，宽度为 100m，深度为 40m，计算模型如图 3.3-1 所示。

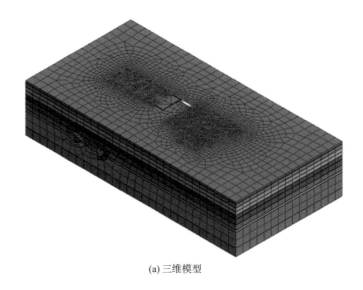

(a) 三维模型

(b) 相对位置关系图

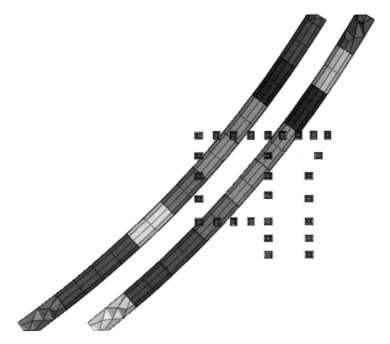

(c) 平面图

(d) 侧视图 1

(e) 侧视图 2

图 3.3-1　计算模型

3.4 计算工序

依据设计图纸，本次计算共 8 个工序，具体施工顺序如图 3.4-1 所示。

（1）工序 1：右线开挖 30m（开挖前区间与既有结构基础之间已经进行注浆加固）；

（2）工序 2：右线开挖 60m；

（3）工序 3：右线开挖 90m；

（4）工序 4：右线开挖 120m（右线开挖结束）；

（5）工序 5：左线开挖 30m；

（6）工序 6：左线开挖 60m；

（7）工序 7：左线开挖 90m；

（8）工序 8：左线开挖 120m（左线开挖结束）。

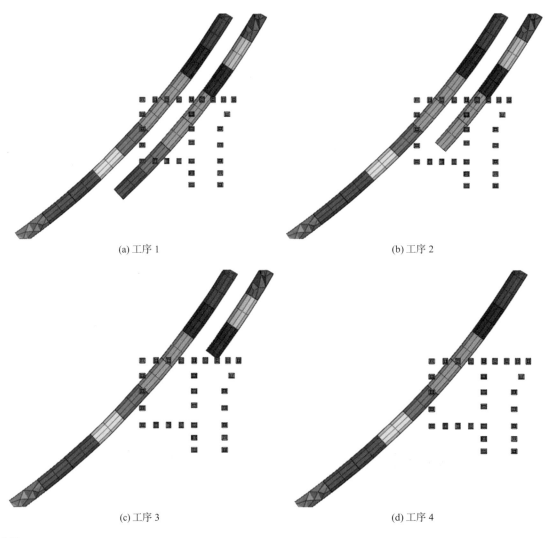

(a) 工序 1　　　　　　　　　　　　　　　　(b) 工序 2

(c) 工序 3　　　　　　　　　　　　　　　　(d) 工序 4

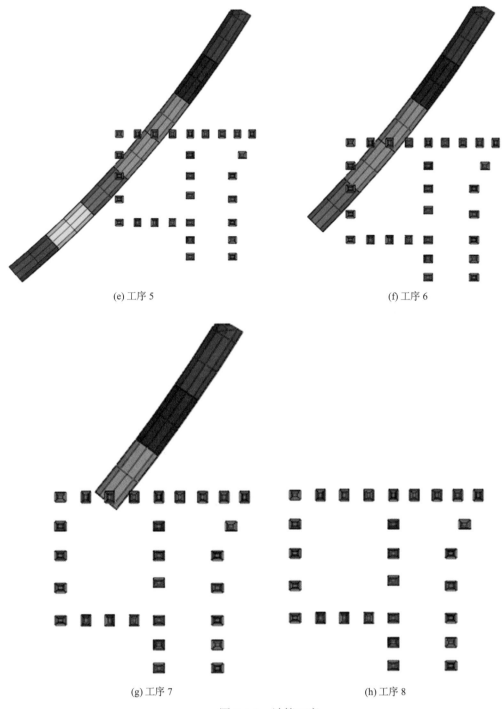

(e) 工序 5　　　　　　　　　　　　　　　　　(f) 工序 6

(g) 工序 7　　　　　　　　　　　　　　　　　(h) 工序 8

图 3.4-1　计算工序

3.5　沉降及差异沉降

计算结果显示：隧道开挖后，随着围岩应力的释放，既有门式钢架结构厂房结构出现沉降先增大后逐渐平稳趋势，既有门式钢架结构厂房结构沉降最大值约为 1.06mm，最大差异沉降率约为 0.14‰。各个工序下累积最大沉降及最大差异沉降率如表 3.5-1 所示，沉降云图如图 3.5-1 所示。

各个工序下累积最大沉降及最大差异沉降率（−表示沉降，+表示上抬）　表 3.5-1

工序	累计最大值（mm）	最大差异沉降率（‰）
1	−0.24	0.03
2	−0.58	0.08
3	−0.72	0.10
4	−0.75	0.10
5	−0.91	0.12
6	−1.03	0.14
7	−1.05	0.14
8	−1.06	0.14

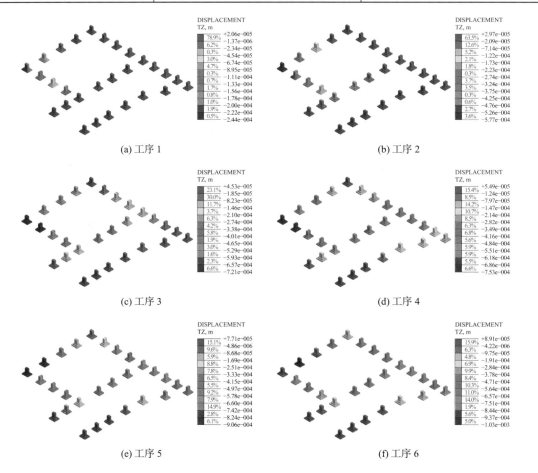

(a) 工序 1　　　　　　　　　　　　　　(b) 工序 2

(c) 工序 3　　　　　　　　　　　　　　(d) 工序 4

(e) 工序 5　　　　　　　　　　　　　　(f) 工序 6

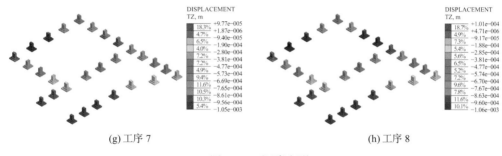

(g) 工序 7　　　　　　　　　　　　　(h) 工序 8

图 3.5-1　沉降变形

3.6　水平位移

计算结果显示：隧道开挖后，随着围岩应力的释放，既有结构产生了一定的水平位移，既有结构东西方向最大水平位移约为 0.22mm，南北方向最大水平位移约为 0.23mm。各个工序下东西向及南北向累积最大位移如表 3.6-1 所示，水平位移云图如图 3.6-1、图 3.6-2 所示。

既有结构水平位移统计表（向西为−，向东为+）（向南为−，向北为+）　　表 3.6-1

工序	东西方向累计最大值（mm）	南北方向累计最大值（mm）
1	0.21	0.20
2	0.22	0.21
3	−0.15	0.21
4	−0.16	0.21
5	−0.16	−0.22
6	−0.16	0.22
7	−0.17	0.22
8	−0.18	−0.23

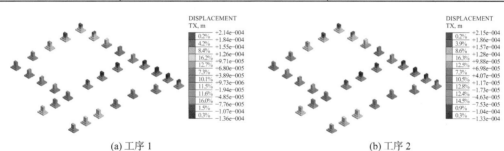

(a) 工序 1　　　　　　　　　　　　　(b) 工序 2

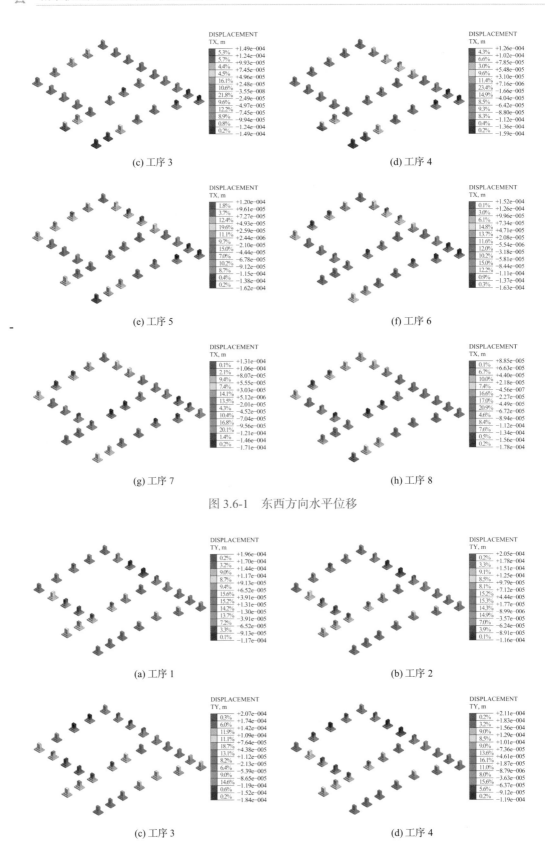

(c) 工序 3   (d) 工序 4

(e) 工序 5   (f) 工序 6

(g) 工序 7   (h) 工序 8

图 3.6-1 东西方向水平位移

(a) 工序 1   (b) 工序 2

(c) 工序 3   (d) 工序 4

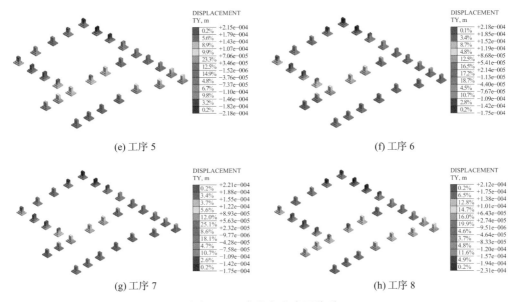

(e) 工序 5　　　　　　　　　　　　　　　　(f) 工序 6

(g) 工序 7　　　　　　　　　　　　　　　　(h) 工序 8

图 3.6-2　南北方向水平位移

3.7　评估结论

通过建立三维地层-结构模型进行施工模拟计算，并综合拟建结构施工对既有结构的专项设计和加固等相应措施，在充分研究现有资料和技术措施的前提下，得出如下结论：

（1）隧道开挖后，随着围岩应力的释放，既有门式钢架结构厂房结构沉降出现先增大后逐渐平稳趋势，既有门式钢架结构厂房结构沉降最大值约为 1.06mm，最大差异沉降率约为 0.14‰。

（2）隧道开挖后，随着围岩应力的释放，既有结构产生了一定的水平位移，既有结构东西方向最大水平位移约为 0.22mm，南北方向最大水平位移约为 0.23mm。

（3）依据相关设计和规范，考虑拟建结构施工对既有门式钢架结构厂房结构发生变形的影响，结构极限承载能力满足规范要求。

（4）根据最不利原则，参考数值模拟计算结果、国内类似工程经验，对既有门式钢架结构厂房结构推荐如表 3.7-1 所示控制指标值。

既有门式钢架结构厂房结构变形推荐控制指标　　　　　　　　表 3.7-1

项目	预警值（70%）	报警值（85%）	控制值
差异沉降率（‰）	0.70	0.85	1.00
沉降（mm）	10.5	12.8	15.0
变形速率（mm/d）	2		

第 4 章

暗挖隧道侧穿既有单层砖混结构厂房

4.1 项目背景

暗挖隧道侧穿既有房屋建于 20 世纪 80 年代，结构类型为地上 1 层砖砌体结构，屋架为钢桁架结构，屋面为木檩条承托泥瓦结构，建筑面积为 597.08m²，结构总长度为 50.70m，总宽度为 12.00m，高度为 5.50m。既有结构建筑外观如图 4.1-1 所示。

图 4.1-1 既有结构建筑外观图

拟建暗挖隧道与既有单层砖混结构厂房最近水平距离为 14.7m。拟建暗挖隧道开挖和坑外降水过程中易对既有单层砖混结构厂房结构产生一定程度的扰动，可能会引起既有单层砖混结构厂房结构开裂等风险，该工程施工为 Ⅱ 级风险。

4.2 地质条件

本工程场地位于冲积洪积波状台地，本车站场地范围内对工程有不利影响的特殊性岩土除有人工填土层、风化岩分布外，未发现其他特殊性岩土分布，根据本次勘察所揭示的地层情况，本工程的地层细分如表 4.2-1 所示。

（1）人工堆积填土层（Q_4^{ml}）

杂填土①层：杂色，稍湿，主要由黏性土和建筑垃圾组成，结构松散，密度不均，部分地段上部为人工路面结构层。厚度 1.70～4.20m，层底标高 195.49～198.18m。

（2）第四系全新统冲洪积层（Q_4^{al+pl}）

粉质黏土②$_{A2}$层：灰褐色—灰黑色，可塑偏软，摇振无反应，稍光滑，干强度和韧性中等，压缩模量为 5.0MPa，压缩系数为 0.37MPa^{-1}，中等压缩性，有机质含量为 2.2%～4.4%，平均值为 3.2%。本层土厚度 1.90～5.80m，层底标高 190.53～194.17m。

中粗砂②$_{A7}$层：灰褐色、青灰色、灰色，饱和，中密—密实，矿物成分主要由长石、石英组成，级配一般，标准贯入试验锤击数实测值 15～34 击，平均 21 击/30cm。本层土厚度 1.60～6.80m，层底标高 187.52～190.05m。

（3）白垩系泥岩层（K）

全风化泥岩③$_1$层：紫红色、棕红色、灰绿色，泥质结构，层状构造，原岩结构基本破坏，有少量残余结构强度，泥岩呈黏土状，硬塑—坚硬状态，遇水易软化，易崩解，失水硬化干裂，易钻进，泥岩岩芯较完整，局部夹砂土状泥质粉砂岩，强度较泥岩高，局部见少量钙质胶结砂岩，岩芯破碎。标准贯入试验锤击数实测值 30～48 击，平均 37 击/30cm。本层土厚度 1.40～4.50m，层底标高 185.52～187.67m。

强风化泥岩③$_2$层：紫红色、棕红色、灰绿色，泥质结构，层状构造，原岩结构大部分破坏，风化裂隙发育，泥岩岩芯呈柱状—长柱状，遇水易软化，易崩解，失水硬化干裂，较难钻进，局部夹粉砂岩，粉砂岩呈块状及短柱状，局部见钙质胶结，砂岩强度较泥岩高，泥岩岩芯较完整，砂岩岩芯较破碎。标准贯入试验锤击数实测值 54～100 击，平均 68 击/30cm，单轴抗压强度（天然）实测值 0.1～0.9MPa，平均值为 0.4MPa，为极软岩，岩体破碎，岩芯采取率不低于 70%，岩体基本质量等级为 V 级，RQD 约为 45%。本层土厚度 3.60～8.10m，层底标高 177.95～181.96m。

中风化泥岩③$_3$层：紫红色、棕红色、灰绿色，局部褐红色，泥质结构，层状构造，原岩结构部分破坏，风化裂隙较发育，泥岩岩芯呈长柱状，遇水易软化，易崩解，失水硬化干裂，钻进难度增大，部分钻孔泥岩强度较高，局部夹粉砂岩，粉砂岩呈块状及柱状，强度较泥岩高，岩芯呈柱状，较为完整。单轴抗压强度（天然）实测值 0.1～4.6MPa（XQ7DD～011 勘探孔 38.00m 处岩样单轴抗压强度值为 4.6MPa，在盾构区间底板以下），平均值为 1.2MPa，为极软岩。岩芯采取率不低于 85%，岩体完整程度为较完整，岩体基本质量等级为 V 级，RQD 约为 85%。本次钻探未揭穿该层。

土层物理力学参数　　　　　　　　　　　表 4.2-1

地层编号	地层名称	天然密度（g/cm³）	静止侧压力系数	黏聚力（kPa）	内摩擦角（°）	承载力特征值（kPa）	水平基床系数（MPa/m）	垂直基床系数（MPa/m）	钻孔灌注桩侧阻力特征值（MPa/m）	钻孔灌注桩端阻力特征值（kPa/m）	土体与锚固极限粘结强度标准值（kPa）	渗透系数（m/d）
①	杂填土	1.75	0.5	5	8	—	—	—	—	—	16	—
②A2	粉质黏土	1.96	0.48	33.6	—	160	28.3	30.5	23	—	40	0.1
②A7	中粗砂	2.10	0.38	0	28	260	30	35	30	—	90	34
③1	全风化泥岩	2.04	0.34	35	20	290	35	41	35	700	80	0.66
③2	强风化泥岩	2.12	0.32	60	25	450	135	160	55	900	150	0.35
③3	中风化泥岩	2.20	0.28	120	35	600	200	220	75	1200	200	0.30

4.3　计算模型

本次评估计算采用基于有限元软件 midas GTS NX，建立三维地层-结构模型进行计算。计算模型长度为 103m，宽度为 75m，深度为 50m，计算模型如图 4.3-1 所示。

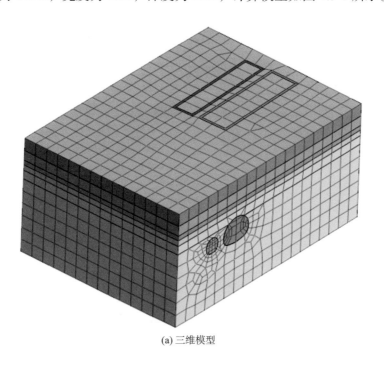

(a) 三维模型

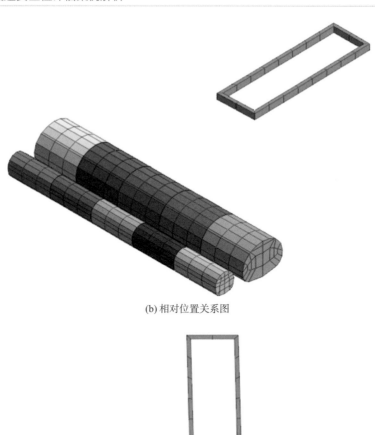

(b) 相对位置关系图

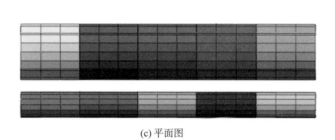

(c) 平面图

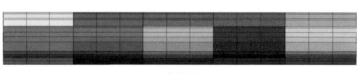

(d) 侧视图 1

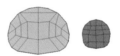

(e) 侧视图 2

图 4.3-1　计算模型

4.4　计算工序

依据设计图纸，本次计算共分为 7 个主要工序，具体施工顺序如图 4.4-1 所示。

（1）工序 1：平整场地并开始降水；

（2）工序 2：左线隧道开挖 30m；

（3）工序 3：左线隧道开挖 45m；

（4）工序 4：左线隧道开挖 75m；

（5）工序 5：右线隧道开挖 30m；

（6）工序 6：右线隧道开挖 45m；

（7）工序 7：右线隧道开挖 75m。

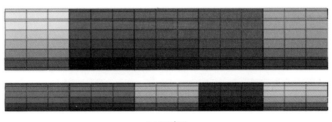

(a) 工序 1

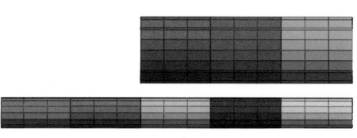

(b) 工序 2

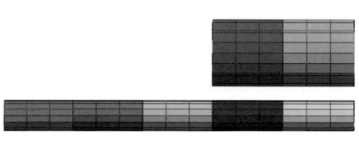

(c) 工序 3

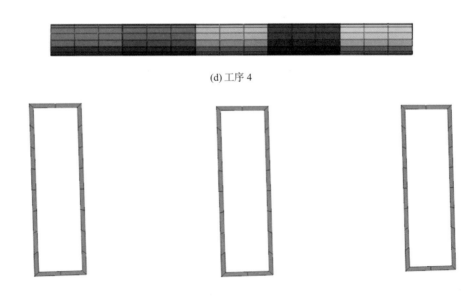

(d) 工序 4

(e) 工序 5　　　　　　　　　(f) 工序 6　　　　　　　　　(g) 工序 7

图 4.4-1　计算工序

4.5　沉降及差异沉降

计算结果显示：随着降水和隧道的开挖，既有单层砖混结构厂房结构沉降出现先增大后逐渐平稳趋势，综合考虑降水和开挖的影响，既有单层砖混结构厂房结构沉降最大值约为 8.53mm，最大差异沉降率约为 0.70‰。各个工序下累积最大沉降及工序差值如表 4.5-1 所示，沉降云图如图 4.5-1 所示。

各个工序下累积最大沉降及工序差值（−表示沉降，+表示上抬）　　　表 4.5-1

工序	累计最大值（mm）	工序差值（mm）
1	−6.69	−0.21
2	−6.9	−0.71
3	−7.61	−0.51
4	−8.12	−0.26
5	−8.38	−0.08
6	−8.46	−0.07
7	−8.53	

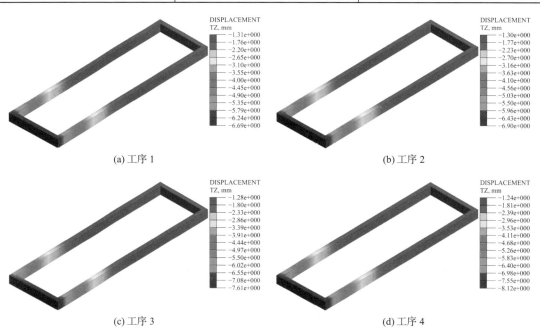

(a) 工序 1　　　　　　　　　　　　　　　　　　(b) 工序 2

(c) 工序 3　　　　　　　　　　　　　　　　　　(d) 工序 4

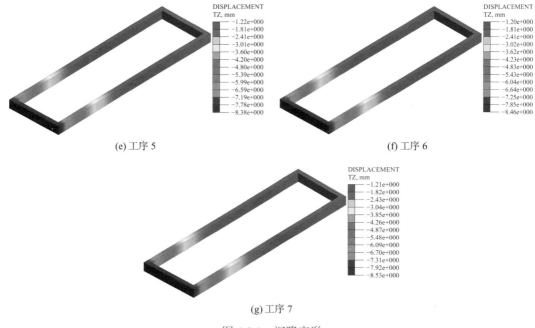

(e) 工序 5　　　　　　　　　　　　　　　　　(f) 工序 6

(g) 工序 7

图 4.5-1　沉降变形

4.6　水平位移

计算结果显示：随着降水和隧道的开挖，既有结构产生了一定的水平位移，综合考虑降水和开挖的影响，既有结构东西方向最大水平位移约为 0.47mm，南北方向最大水平位移约为 2.57mm。各个工序下东西向及南北向累积最大位移如表 4.6-1 所示，水平位移云图如图 4.6-1、图 4.6-2 所示。

既有结构水平位移统计表（向西为−，向东为＋）（向南为−，向北为＋）　　表 4.6-1

工序	东西方向累计最大值（mm）	南北方向累计最大值（mm）
1	−0.17	−1.96
2	0.30	−2.05
3	0.47	−2.24
4	0.46	−2.47
5	0.30	−2.57
6	−0.26	−2.60
7	−0.27	−2.57

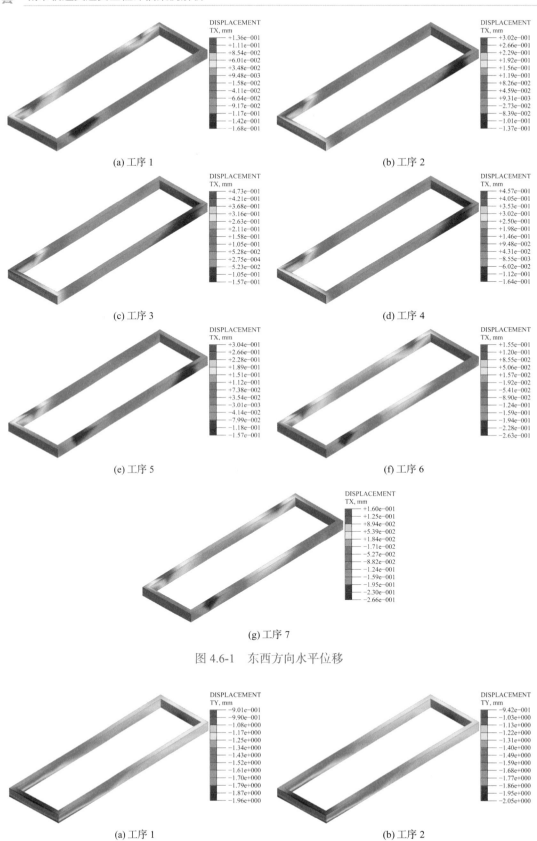

(a) 工序 1

(b) 工序 2

(c) 工序 3

(d) 工序 4

(e) 工序 5

(f) 工序 6

(g) 工序 7

图 4.6-1　东西方向水平位移

(a) 工序 1

(b) 工序 2

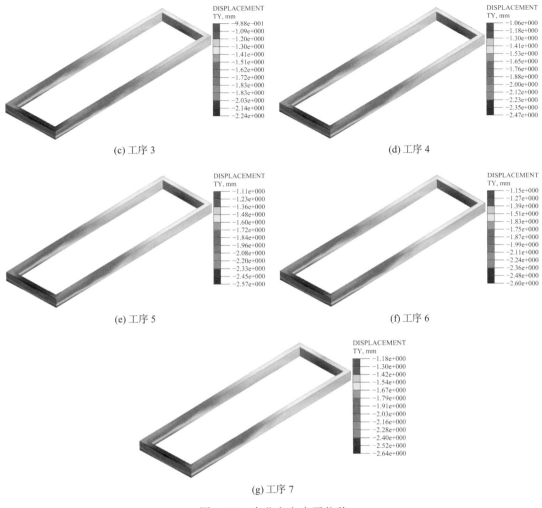

(c) 工序 3　　　　　　　　　　　　　　　　　　(d) 工序 4

(e) 工序 5　　　　　　　　　　　　　　　　　　(f) 工序 6

(g) 工序 7

图 4.6-2　南北方向水平位移

4.7　评估结论

通过建立三维地层-结构模型进行施工模拟计算，并综合拟建结构施工对既有结构的专项设计和加固等相应措施，在充分研究现有资料和技术措施的前提下，得出如下结论：

（1）随着降水和隧道的开挖，既有单层砖混结构厂房结构沉降先增大后逐渐平稳，综合考虑降水和开挖的影响，既有单层砖混结构厂房结构沉降最大值约为 8.53mm，最大差异沉降率约为 0.70‰。

（2）随着降水和隧道的开挖，既有结构产生了一定的水平位移，综合考虑降水和开挖的影响，既有结构东西方向最大水平位移约为 0.47mm，南北方向最大水平位移约为 2.57mm。

（3）依据相关设计和规范，考虑拟建结构施工对既有单层砖混结构厂房结构发生变形的影响，结构极限承载能力满足规范要求。

（4）根据最不利原则，参考数值模拟计算结果、国内类似工程经验，对既有单层砖混结构厂房结构推荐如表 4.7-1 所示控制指标值。

既有单层砖混结构厂房结构变形推荐控制指标 表 4.7-1

项目	预警值（70%）	报警值（85%）	控制值
结构差异沉降率（‰）	0.70	0.85	1.00
结构沉降（mm）	10.5	12.8	15.0
变形速率（mm/d）	2		

第 5 章

暗挖隧道下穿既有地铁车站

5.1 项目背景

既有地铁车站为地下双层三跨岛式站台车站,车站采用明挖法施工,跨路口换乘处采用盖挖法施工。

拟建暗挖隧道与既有地铁车站为下穿关系。拟建暗挖隧道开挖和坑外降水过程中易对既有地铁车站结构产生一定程度的扰动。可能会引起既有地铁车站结构开裂等风险,该工程施工为Ⅰ级风险。

5.2 地质条件

本工程场地位于冲积洪积波状台地,本车站场地范围内对工程有不利影响的特殊性岩土除有人工填土层、风化岩分布外,未发现其他特殊性岩土分布,根据本次勘察所揭示的地层情况,本工程的地层细分如表 5.2-1 所示。

(1)人工堆积填土层(Q$_4^{ml}$)

杂填土①层:杂色,稍湿,主要由黏性土和建筑垃圾组成,结构松散,密度不均,部分地段上部为人工路面结构层。厚度 1.70～4.20m,层底标高 195.49～198.18m。

(2)第四系全新统冲洪积层(Q$_4^{al+pl}$)

粉质黏土②$_{A2}$层:灰褐色—灰黑色,可塑偏软,摇振无反应,稍光滑,干强度和韧性中等,压缩模量为 5.0MPa,压缩系数为 0.37MPa^{-1},中等压缩性,有机质含量为 2.2%～4.4%,平均值为 3.2%。本层土厚度 1.90～5.80m,层底标高 190.53～194.17m。

中粗砂②$_{A7}$层:灰褐色、青灰色、灰色,饱和,中密—密实,矿物成分主要由长石、石英组成,级配一般,标准贯入试验锤击数实测值 15～34 击,平均 21 击/30cm。本层土厚度 1.60～6.80m,层底标高 187.52～190.05m。

(3)白垩系泥岩层(K)

全风化泥岩③$_1$层:紫红色、棕红色、灰绿色,泥质结构,层状构造,原岩结构基本破坏，有少量残余结构强度，泥岩呈黏土状，硬塑—坚硬状态，遇水易软化，易崩解，失水硬化干裂，易钻进，泥岩岩芯较完整，局部夹砂土状泥质粉砂岩，强度较泥岩高，局部见少量钙质胶结砂岩，岩芯破碎。标准贯入试验锤击数实测值30～48击，平均37击/30cm。本层土厚度1.40～4.50m，层底标高185.52～187.67m。

强风化泥岩③₂层：紫红色、棕红色、灰绿色，泥质结构，层状构造，原岩结构大部分破坏，风化裂隙发育，泥岩岩芯呈柱状—长柱状，遇水易软化，易崩解，失水硬化干裂，较难钻进，局部夹粉砂岩，粉砂岩呈块状及短柱状，局部见钙质胶结，砂岩强度较泥岩高，泥岩岩芯较完整，砂岩岩芯较破碎。标准贯入试验锤击数实测值54～100击，平均68击/30cm，单轴抗压强度（天然）实测值0.1～0.9MPa，平均值为0.4MPa，为极软岩，岩体破碎，岩芯采取率不低于70%，岩体基本质量等级为Ⅴ级，RQD约为45%。本层土厚度3.60～8.10m，层底标高177.95～181.96m。

中风化泥岩③₃层：紫红色、棕红色、灰绿色，局部褐红色，泥质结构，层状构造，原岩结构部分破坏，风化裂隙较发育，泥岩岩芯呈长柱状，遇水易软化，易崩解，失水硬化干裂，钻进难度增大，部分钻孔泥岩强度较高，局部夹粉砂岩，粉砂岩呈块状及柱状，强度较泥岩高，岩芯呈柱状，较为完整。单轴抗压强度（天然）实测值0.1～4.6MPa（XQ7DD～011勘探孔38.00m处岩样单轴抗压强度值为4.6MPa，在盾构区间底板以下），平均值为1.2MPa，为极软岩。岩芯采取率不低于85%，岩体完整程度为较完整，岩体基本质量等级为Ⅴ级，RQD约为85%。本次钻探未揭穿该层。

土层物理力学参数　　　　　　　　表5.2-1

地层编号	地层名称	天然密度（g/cm³）	静止侧压力系数	黏聚力（kPa）	内摩擦角（°）	承载力特征值（kPa）	水平基床系数（MPa/m）	垂直基床系数（MPa/m）	钻孔灌注桩侧阻力特征值（MPa/m）	钻孔灌注桩端阻力特征值（kPa/m）	土体与锚固极限粘结程度标准值（kPa）	渗透系数（m/d）
①	杂填土	1.75	0.5	5	8	—	—	—	—	—	16	—
②ₐ₂	粉质黏土	1.96	0.48	33.6	—	160	28.3	30.5	23	—	40	0.1
②ₐ₇	中粗砂	2.10	0.38	0	28	260	30	35	30	—	90	34
③₁	全风化泥岩	2.04	0.34	35	20	290	35	41	35	700	80	0.66
③₂	强风化泥岩	2.12	0.32	60	25	450	135	160	55	900	150	0.35
③₃	中风化泥岩	2.20	0.28	120	35	600	200	220	75	1200	200	0.30

5.3　计算模型

本次评估计算采用基于有限元软件 midas GTS NX，建立三维地层-结构模型进行计算。计算模型长度为 103m，宽度为 75m，深度为 50m，计算模型如图 5.3-1 所示。

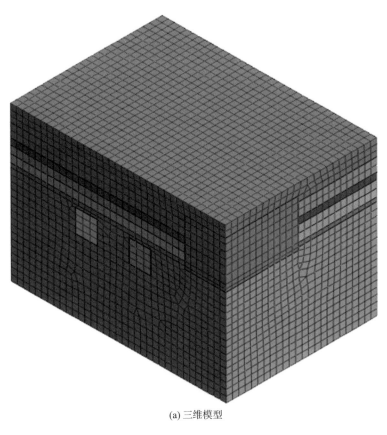

(a) 三维模型

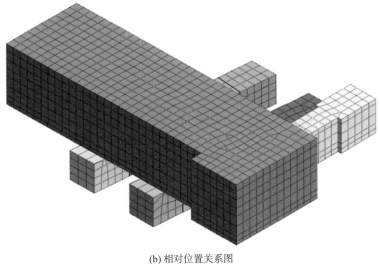

(b) 相对位置关系图

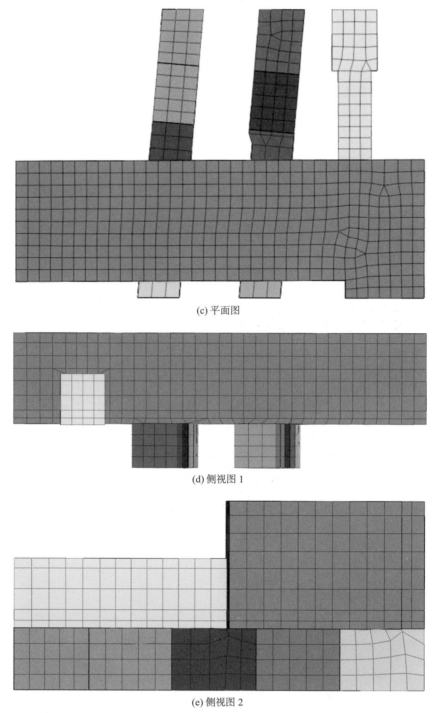

(c) 平面图

(d) 侧视图 1

(e) 侧视图 2

图 5.3-1　计算模型

5.4　计算工序

依据设计图纸，本次计算共分为 8 个主要工序，具体施工顺序如图 5.4-1 所示。

（1）工序 1：右线隧道开挖 10m；

（2）工序 2：右线隧道开挖 20m；

（3）工序 3：右线隧道开挖 30m；

（4）工序 4：右线隧道开挖 50m；

（5）工序 5：左线隧道开挖 10m；

（6）工序 6：左线隧道开挖 20m；

（7）工序 7：左线隧道开挖 30m；

（8）工序 8：左线隧道开挖 50m。

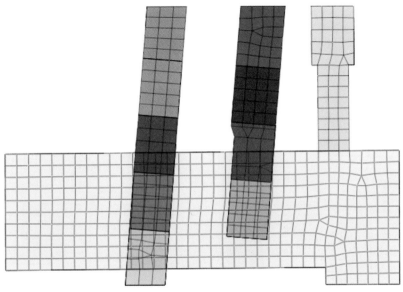

(a) 工序 1

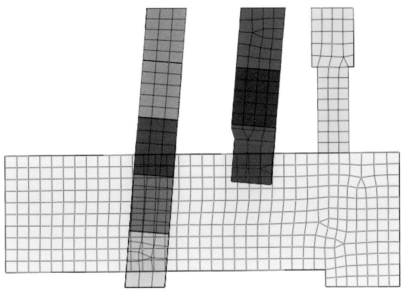

(b) 工序 2

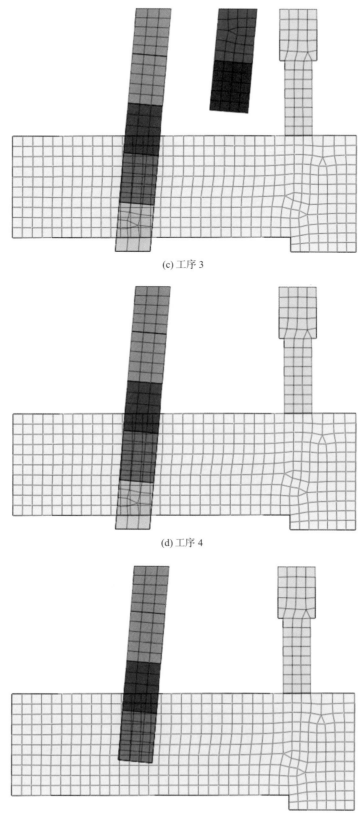

(c) 工序 3

(d) 工序 4

(e) 工序 5

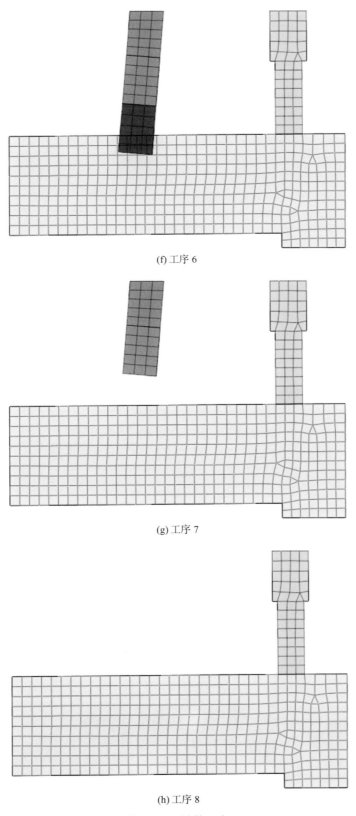

(f) 工序 6

(g) 工序 7

(h) 工序 8

图 5.4-1　计算工序

5.5 沉降及差异沉降

计算结果显示：随着降水和隧道的开挖，既有地铁车站结构沉降出现先增大后逐渐平稳趋势，综合考虑降水和开挖的影响，既有地铁车站结构沉降最大值约为 4.82mm，最大差异沉降率约为 0.36‰。各个工序下累积最大沉降及工序差值如表 5.5-1 所示，沉降云图如图 5.5-1 所示。

各个工序下累积最大沉降及工序差值（−表示沉降，+表示上抬）　　　表 5.5-1

工序	累计最大值（mm）	工序差值（mm）
1	−1.55	−1.23
2	−2.78	−0.63
3	−3.41	−0.21
4	−3.62	−0.50
5	−4.12	−0.11
6	−4.23	−0.48
7	−4.71	−0.11
8	−4.82	

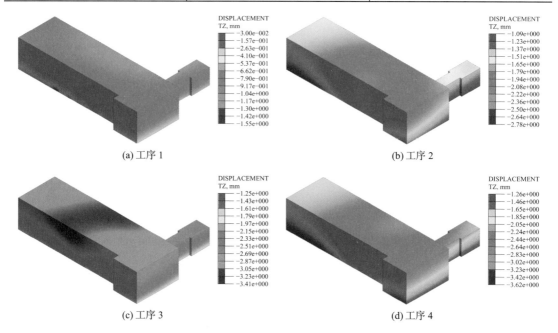

(a) 工序 1　　　　　　　　　　　　　(b) 工序 2

(c) 工序 3　　　　　　　　　　　　　(d) 工序 4

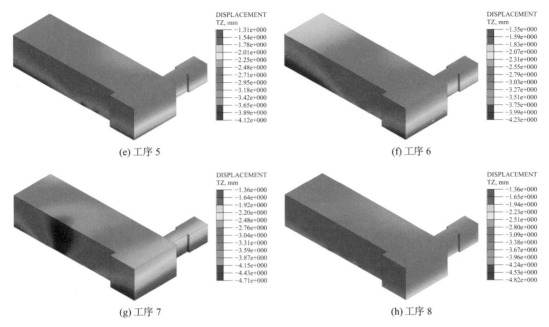

(e) 工序 5   (f) 工序 6

(g) 工序 7   (h) 工序 8

图 5.5-1 沉降变形

5.6 水平位移

计算结果显示：随着降水和隧道的开挖，既有结构产生了一定的水平位移，综合考虑降水和开挖的影响，既有结构东西方向最大水平位移约为 0.40mm，南北方向最大水平位移约为 0.71mm。各个工序下东西向及南北向累积最大位移如表 5.6-1 所示，水平位移云图如图 5.6-1、图 5.6-2 所示。

既有结构水平位移统计表（向西为−，向东为＋）（向南为−，向北为＋） 表 5.6-1

工序	东西方向累计最大值（mm）	南北方向累计最大值（mm）
1	0.22	−0.21
2	0.22	−0.24
3	0.25	−0.50
4	0.27	−0.67
5	0.32	−0.68
6	0.35	−0.69
7	0.37	−0.70
8	0.40	−0.71

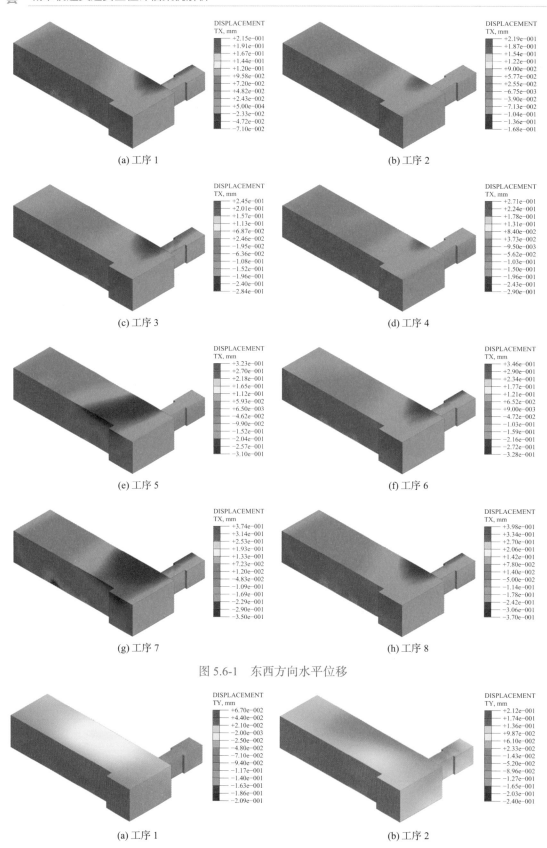

(a) 工序 1

(b) 工序 2

(c) 工序 3

(d) 工序 4

(e) 工序 5

(f) 工序 6

(g) 工序 7

(h) 工序 8

图 5.6-1　东西方向水平位移

(a) 工序 1

(b) 工序 2

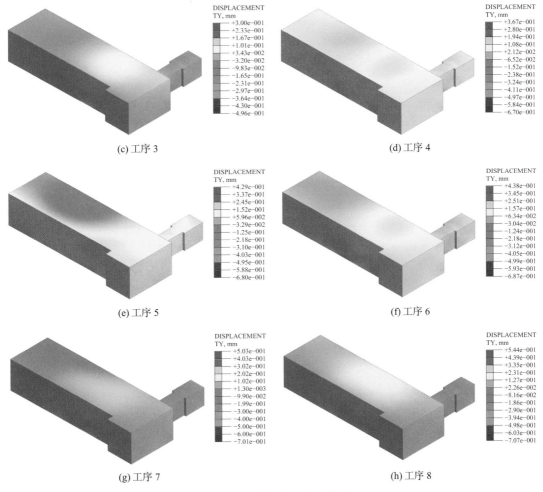

(c) 工序 3　　　　　　　　　　　　　　(d) 工序 4

(e) 工序 5　　　　　　　　　　　　　　(f) 工序 6

(g) 工序 7　　　　　　　　　　　　　　(h) 工序 8

图 5.6-2　南北方向水平位移

5.7　评估结论

通过建立三维地层-结构模型进行施工模拟计算，并综合拟建结构施工对既有结构的专项设计和加固等相应措施，在充分研究现有资料和技术措施的前提下，得出如下结论：

（1）随着降水和隧道的开挖，既有地铁车站结构沉降出现先增大后逐渐平稳趋势，综合考虑降水和开挖的影响，既有地铁车站结构沉降最大值约为 4.82mm，最大差异沉降率约为 0.36‰。

（2）随着降水和隧道的开挖，既有结构产生了一定的水平位移，综合考虑降水和开挖的影响，既有结构东西方向最大水平位移约为 0.40mm，南北方向最大水平位移约为 0.71mm。

（3）依据相关设计和规范，考虑拟建结构施工对既有地铁车站结构发生变形的影响，结构极限承载能力满足规范要求。

（4）根据最不利原则，参考数值模拟计算结果、国内类似工程经验，对既有地铁车站结构推荐如表 5.7-1 所示控制指标值。

既有地铁车站结构变形推荐控制指标 表 5.7-1

项目	预警值（70%）	报警值（85%）	控制值
结构差异沉降（‰）	0.28	0.34	0.4
结构沉降（mm）	7.0	8.5	10.0
轨道横向高差（mm）	1.4	1.7	2.0
变形速率（mm/d）	1		

第 6 章

暗挖横通道侧穿既有框架−剪力墙结构房屋

6.1 工程概况

暗挖横通道侧穿既有房屋建于 2004 年，既有框架-剪力墙结构房屋结构类型为框架-抗震墙结构，地下 1 层，主体部分地上 16 层（局部 17 层），裙楼地上 6 层。结构总长度为 161.01m，总宽度为 34.36m，高度为 80.25m，建筑面积为 28214.44m²。既有结构建筑外观如图 6.1-1 所示。

图 6.1-1　既有结构建筑外观图

拟建暗挖横通道与既有框架-剪力墙结构房屋最近水平距离为 12.5m。暗挖横通道开挖和降水过程中易对既有框架-剪力墙结构房屋结构产生一定程度的扰动，可能会引起既有框架-剪力墙结构房屋结构开裂等风险，该工程施工为Ⅱ级风险。

6.2 地质条件

根据勘察报告，本次勘察揭露地层最大深度为 55.0m，根据钻探资料及室内土工试验结果，按地层沉积年代、成因类型，将本工程场地勘探范围内的土层划分为人工堆积填土层（Q_4^{ml}）、第四系全新统冲洪积层（Q_4^{al+pl}）、白垩系泥岩层（K）三大类。并按地层岩性及其物理力学性质，进一步分为 9 个亚层。

（1）人工堆积填土层（Q_4^{ml}）

杂填土①层：杂色，湿，松散，以黏性土为主，含大量建筑垃圾、砖渣、生活垃圾等，表层为混凝土地面或沥青路面。本层土厚度 1.50～7.60m，层底标高 214.15～222.45m。

（2）第四系全新统冲洪积层（Q_4^{al+pl}）

粉质黏土②$_2$层：黄褐色，可塑—硬塑，摇振无反应，切面稍有光泽，干强度和韧性中等，压缩模量为 5.5MPa，压缩系数为 0.34MPa^{-1}，中等压缩性；本层土厚度 2.70～11.50m，层底标高 208.75～215.29m。

粉质黏土②$_3$层：黄褐色，硬塑—坚硬，摇振无反应，切面有光泽，干强度和韧性高，压缩模量为 9.6MPa，压缩系数为 0.19MPa^{-1}，中压缩性；本层土厚度 9.00～15.30m，层底标高 198.75～202.29m。

（3）白垩系泥岩层（K）

全风化泥岩③$_1$层：灰白、灰绿、棕红色，泥质结构，层状构造，原岩结构基本破坏，有少量残余结构强度，泥岩呈黏土状，硬塑—坚硬状态，遇水易软化，易崩解，失水硬化干裂，易钻进，泥岩岩芯较完整，局部夹砂土状泥质粉砂岩，强度较泥岩高，局部见少量钙质胶结砂岩，岩芯破碎。标准贯入试验锤击数实测值 31～47 击，平均 39 击/30cm。本层土厚度 1.80～4.80m，层底标高 196.07～199.17m。

强风化泥岩③$_2$层：灰白、灰绿、棕红色，泥质结构，层状构造，原岩结构大部分破坏，风化裂隙发育，泥岩岩芯呈柱状—长柱状，遇水易软化，易崩解，失水硬化干裂，较难钻进，局部夹粉砂岩，粉砂岩呈块状及短柱状，局部见钙质胶结砂岩强度较泥岩高，泥岩岩芯较完整，砂岩岩芯较破碎。标准贯入试验锤击数实测值 54～115 击，平均 85 击/30cm，单轴抗压强度（天然）平均值为 0.3MPa，为极软岩，岩体破碎，岩体基本质量等级为Ⅴ级。本层土厚度 2.20～7.50m，层底标高 189.85～195.39m。

中风化泥岩③$_3$层：灰白、灰绿、棕红色，泥质结构，层状构造，原岩结构部分破坏，风化裂隙发育，泥岩岩芯呈长柱状，遇水易软化，易崩解，失水硬化干裂，钻进难度增大，部分钻孔泥岩强度较高，局部夹粉砂岩，粉砂岩呈块状及柱状，强度较泥岩高，岩芯呈柱状，较为完整。单轴抗压强度（天然）平均值为 0.9MPa，为极软岩。岩体完整程度为较完整，岩体基本质量等级为Ⅴ级。本次钻探未揭穿该层。

各层岩土性质主要参数如表 6.2-1 所示。

土层物理力学参数　　　　　　　　　　　　　　　表 6.2-1

地层编号	地层名称	天然密度（g/cm³）	静止侧压力系数	黏聚力（kPa）	内摩擦角（°）	承载力特征值（kPa）	水平基床系数（MPa/m）	垂直基床系数（MPa/m）	单轴抗压强度（MPa）	土体与锚固体极限粘结强度标准值（kPa）	渗透系数（m/d）	侧阻力特征值（kPa）	端阻力特征值（kPa）
①	杂填土	1.75	—	—	—	—	—	—	—	—	—	—	—
②₂	粉质黏土	1.97	0.48	25	14	180	29	25	—	55	0.6	30	—
②₃	粉质黏土	2.00	0.36	33	15	270	47	46	—	65	0.4	38	—
③₁	全风化泥岩	2.00	0.39	33	22	280	42	37	—	75	0.5	40	800
③₂	强风化泥岩	2.11	0.35	60	25	450	160	130	0.3	145	—	55	1000
③₃	中风化泥岩	2.17	0.30	120	35	600	220	200	0.9	—	—	75	1200

6.3　计算模型

本次评估计算采用基于有限元软件 midas GTS NX，建立三维地层-结构模型进行计算。计算模型长度为 132m，宽度为 64m，深度为 50m，计算模型如图 6.3-1 所示。

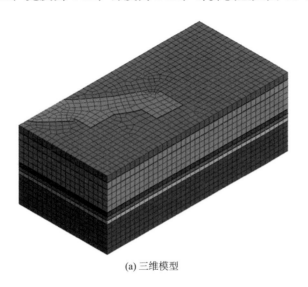

(a) 三维模型

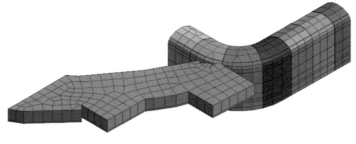

(b) 相对位置关系图

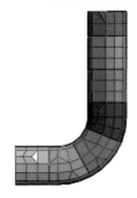

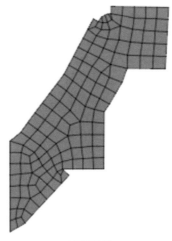

(c) 平面图

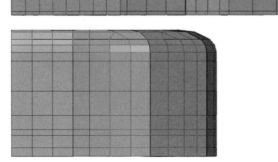

(d) 侧视图 1

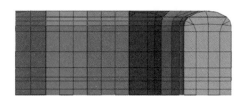

(e) 侧视图 2

图 6.3-1　计算模型

6.4　计算工序

依据设计图纸，本次计算共分为 7 个主要工序，具体施工顺序如图 6.4-1 所示。

（1）工序 1：2 号横通道开挖 10m；

（2）工序 2：2 号横通道开挖 20m；

（3）工序 3：2 号横通道开挖 30m；

（4）工序 4：2 号横通道开挖 40m；

（5）工序 5：2 号横通道开挖 50m；

（6）工序 6：2 号横通道开挖 60m；

（7）工序 7：2 号横通道开挖 70m。

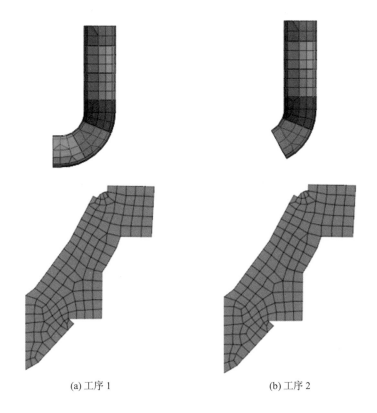

(a) 工序 1　　　　　　　　　　　　　　(b) 工序 2

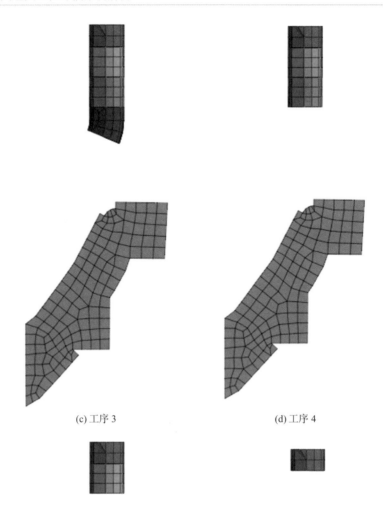

(c) 工序 3   (d) 工序 4

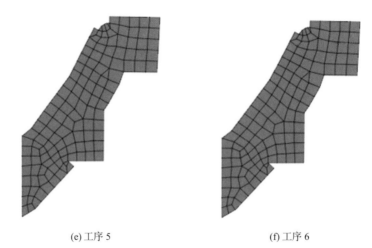

(e) 工序 5   (f) 工序 6

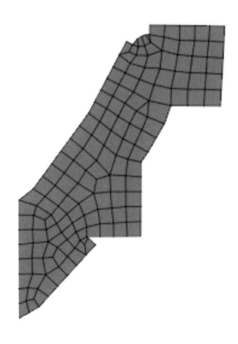

(g) 工序 7

图 6.4-1　计算工序

6.5　沉降及差异沉降

计算结果显示：随着降水和 2 号横通道的开挖，既有框架-剪力墙结构房屋结构沉降出现先增大后逐渐平稳趋势，综合考虑降水和开挖的影响，既有框架-剪力墙结构房屋结构沉降最大值约为 6.73mm，最大差异沉降率约为 0.58‰。各个工序下累积最大沉降及工序差值如表 6.5-1 所示，沉降云图如图 6.5-1 所示。

各个工序下累积最大沉降及工序差值（−表示沉降，+表示上抬）　　　表 6.5-1

工序	累计最大值（mm）	工序差值（mm）
1	−1.28	−1.85
2	−3.14	−1.61
3	−4.75	−0.85
4	−5.60	−0.73
5	−6.32	−0.32
6	−6.64	−0.08
7	−6.73	

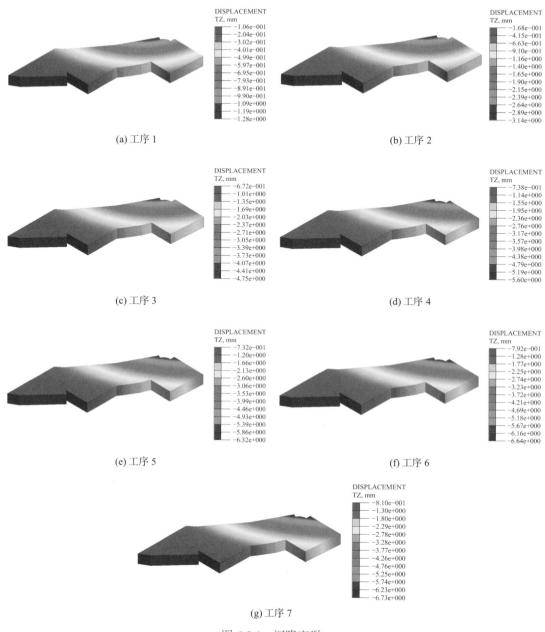

(a) 工序 1

(b) 工序 2

(c) 工序 3

(d) 工序 4

(e) 工序 5

(f) 工序 6

(g) 工序 7

图 6.5-1 沉降变形

6.6 水平位移

计算结果显示：随着降水和 2 号横通道的开挖，既有结构产生了一定的水平位移，综合考虑降水和开挖的影响，既有结构东西方向最大水平位移约为 0.40mm，南北方向最大水平位移约为 0.77mm。各个工序下东西向及南北向累积最大位移如表 6.6-1 所示，水平位移云图如图 6.6-1、图 6.6-2 所示。

既有结构水平位移统计表（向西为−，向东为＋）（向南为−，向北为＋）　　表 6.6-1

工序	东西方向累计最大值（mm）	南北方向累计最大值（mm）
1	−0.12	0.18
2	−0.15	0.41
3	−0.35	0.68
4	−0.37	0.72
5	−0.39	0.75
6	−0.40	0.76
7	−0.40	0.77

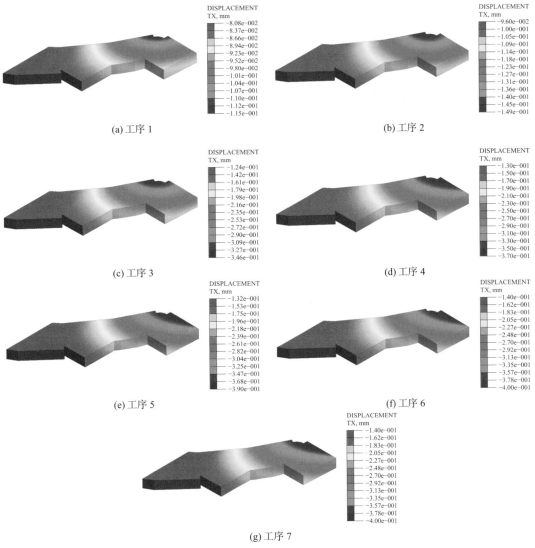

(a) 工序 1　　　　　　　　　　　　　　　　　(b) 工序 2

(c) 工序 3　　　　　　　　　　　　　　　　　(d) 工序 4

(e) 工序 5　　　　　　　　　　　　　　　　　(f) 工序 6

(g) 工序 7

图 6.6-1　东西方向水平位移

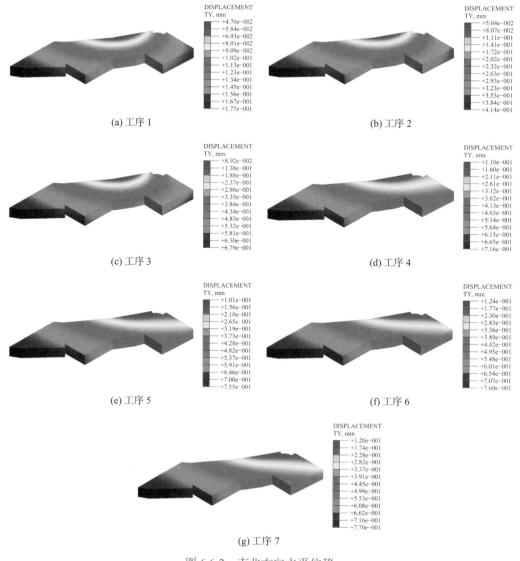

(a) 工序 1　　　　　　　　　　　　　　　(b) 工序 2

(c) 工序 3　　　　　　　　　　　　　　　(d) 工序 4

(e) 工序 5　　　　　　　　　　　　　　　(f) 工序 6

(g) 工序 7

图 6.6-2　南北方向水平位移

6.7　评估结论

通过建立三维地层-结构模型进行施工模拟计算，并综合拟建结构施工对既有结构的专项设计和加固等相应措施，在充分研究现有资料和技术措施的前提下，得出如下结论：

（1）随着降水和 2 号横通道的开挖，既有框架-剪力墙结构房屋结构沉降出现先增大后逐渐平稳趋势，综合考虑降水和开挖的影响，既有框架-剪力墙结构房屋结构沉降最大值约为 6.73mm，最大差异沉降率约为 0.58‰。

（2）随着降水和 2 号横通道的开挖，既有结构产生了一定的水平位移，综合考虑降水和开挖的影响，既有结构东西方向最大水平位移约为 0.40mm，南北方向最大水平位移约为 0.77mm。

（3）依据相关设计和规范,考虑拟建结构施工对既有框架-剪力墙结构房屋结构发生变形的影响, 结构极限承载能力满足规范要求。

（4）根据最不利原则,参考数值模拟计算结果、国内类似工程经验,对既有框架-剪力墙结构房屋结构推荐如表 6.7-1 所示控制指标值。

既有框架剪力墙结构房屋结构变形推荐控制指标　　　　表 6.7-1

项目	预警值（70%）	报警值（85%）	控制值
结构差异沉降率（‰）	0.70	0.85	1.00
结构沉降（mm）	10.5	12.8	15.0
变形速率（mm/d）	2		

第 7 章

出入口暗挖接入既有车站出入口

7.1 工程概况

既有地铁车站为地下双层三跨岛式站台车站，车站采用明挖法施工，跨路口换乘处采用盖挖法施工。

拟建车站出入口开挖和坑外降水过程中易对既有车站出入口结构产生一定程度的扰动，可能会引起 2 号线车站东南出入口结构开裂等风险，该工程施工为 II 级风险。

7.2 地质条件

根据钻探资料及室内土工试验结果，按地层沉积年代、成因类型，将本工程场地勘探范围内的土层划分为人工堆积层（Q_4^{ml}）、第四系中更新统冲洪积层（Q_4^{al+pl}）、白垩系泥岩（K）、白垩系砂岩（K）四大类。并按地层岩性及其物理力学性质进一步分为 8 个小层，土层物理力学参数见表 7.2-1。

（1）杂填土①层：杂色，湿，松散，以黏性土为主，含大量建筑垃圾、砖渣、生活垃圾等，局部表层为混凝土地面或沥青路面。该层连续分布，厚度 2.00～4.60m，层底标高 195.26～197.95m。

（2）粉质黏土②$_{A2-1}$层：黄褐色—褐黄色，可塑偏软，摇振无反应，稍光滑，干强度和韧性中等，压缩模量为 4.6MPa，压缩系数为 0.39MPa^{-1}，中等压缩性；本层土厚度 1.80～4.60m，层底标高 191.08～193.20m。

（3）粉质黏土②$_{A2}$层：灰褐色—灰黑色，可塑偏软，摇振无反应，稍光滑，干强度和韧性中等，压缩模量为 5.3MPa，压缩系数为 0.33MPa^{-1}，中等压缩性，有机质含量为 3.0%～8.8%，平均值为 4.1%，为无机土；本层土厚度 1.00～3.40m，层底标高 193.83～196.02m。

（4）中粗砂②$_{A7}$层：灰褐色，饱和，中密—密实，矿物成分主要由长石、石英组成，级配一般，标准贯入试验锤击数实测值 16～35 击，平均 27 击/30cm，为中密；本层土厚度 1.80～4.90m，层底标高 187.50～190.31m。

（5）全风化泥岩③₁层：为紫红色、棕红色，泥质结构，层状构造，原岩结构基本破坏，有少量残余结构强度，泥岩呈黏土状，硬塑—坚硬状态，遇水易软化、崩解，失水易硬化、干裂，易钻进，泥岩岩芯较完整。标准贯入试验锤击数实测值 32～42 击，平均 35 击/30cm。本层土厚度 1.20～5.00m，层底标高 193.83～196.02m。

（6）强风化泥岩③₂层：为紫红色、棕红色，泥质结构，层状构造，原岩结构大部分破坏，风化裂隙发育，泥岩岩芯呈柱状—长柱状，遇水易软化、崩解，失水易硬化、干裂，干钻不易钻进，局部夹粉砂岩，粉砂岩呈块状及短柱状，局部见钙质胶结砂岩，强度较泥岩高，泥岩岩芯较完整，砂岩岩芯较破碎。标准贯入试验锤击数实测值 52～94 击，平均 74 击/30cm，单轴抗压强度（天然）平均值为 0.2MPa，为极软岩，岩体破碎，岩体基本质量等级为 V 级，RQD 为 35%～50%。本层土厚度 3.60～8.10m，层底标高 178.17～182.10m。

（7）中风化泥岩③₃层：为紫红色、棕红色，泥质结构，层状构造，原岩结构部分破坏，风化裂隙发育，泥岩岩芯呈长柱状，遇水易软化，易崩解，失水易硬化、干裂，钻进难度增大，粉砂岩呈块状及柱状，强度较泥岩高，岩芯呈柱状，较为完整。单轴抗压强度（天然）平均值为 0.8MPa，为极软岩，岩体完整程度为较完整，岩体基本质量等级为 V 级，RQD 为 75%～85%，RQD 为 70%～80%。本次钻探未揭穿该层，本次钻探揭露厚度 3.60～15.00m，层底标高 144.67～171.86m。

（8）中风化砂岩④₃层：棕红色，砂粒结构，局部含钙质胶结，岩芯呈块及柱状，岩块坚硬，矿物成分以石英、长石为主，干钻不易钻进，局部夹泥岩层。单轴抗压强度（天然）平均值为 4.8MPa，为极软岩，RQD 为 70%～80%。本次勘察未揭穿该土层，揭露厚度 7.00～27.00m，层底标高 144.83～159.67m。

本次勘察共布置专门水位测量孔 4 个（XZ7DH～02、XZ7DH～09、XZ7DH～14、XZ7DH～16），由于场地原因，目前仅完成 1 个水位测量孔即 XZ7DH～02，水位埋深 2.70m，标高 197.25.m，观测时间：2019 年 2 月 17 日，观测到 1 层地下水，主要为粉质黏土孔隙潜水（二）：含水层主要为粉质黏土②₂₁、中粗砂②₇层、全风化泥岩③₁层。本场地地下水主要接受大气降水入渗补给，以蒸发、向下越流方式排泄。低水位期为 4～6 月，高水位期为 9～10 月，静水位年变幅 2.0～3.0m，动水位年变幅达 3.0m 以上。

土层物理力学参数　　　　　　　　　　　　　　　表 7.2-1

地层编号	地层名称	天然密度（g/cm³）	静止侧压力系数	黏聚力（kPa）	内摩擦角（°）	承载力特征值（kPa）	水平基床系数（MPa/m）	垂直基床系数（MPa/m）	土体与锚固体极限粘结强度标准值（kPa）	渗透系数（m/d）
①	杂填土	1.75	—	5	8	—	—	—	16	—
②_{A2-1}	粉质黏土	1.95	0.47	32	18	180	28	28	45	0.50
②_{A2}	粉质黏土	1.93	0.52	32	17	160	25	24	40	0.5

续表

地层编号	地层名称	天然密度（g/cm³）	静止侧压力系数	黏聚力（kPa）	内摩擦角（°）	承载力特征值（kPa）	水平基床系数（MPa/m）	垂直基床系数（MPa/m）	土体与锚固体极限粘结强度标准值（kPa）	渗透系数（m/d）
②$_{A7}$	中粗砂	2.1	0.35	0	32	260	35	30	90	34
③$_1$	全风化泥岩	2.02	0.34	35	20	290	43	35	80	0.5
③$_2$	强风化泥岩	2.11	0.32	60	25	450	160	135	150	0.4
③$_3$	中风化泥岩	2.14	0.28	120	35	600	220	200	160	0.3
④$_3$	中风化砂岩	2.22	0.26	120	38	900	230	200	260	0.35

7.3 计算模型

本次评估计算采用基于有限元软件 midas GTS NX，建立三维地层-结构模型进行计算。计算模型长度为 101m，宽度为 67m，深度为 50m，计算模型如图 7.3-1 所示。

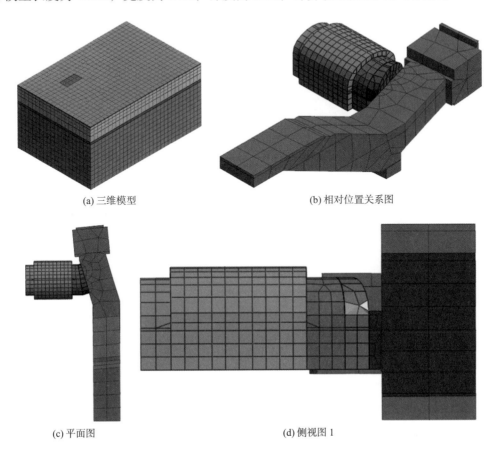

(a) 三维模型　　　　　　　　　　(b) 相对位置关系图

(c) 平面图　　　　　　　　　　(d) 侧视图 1

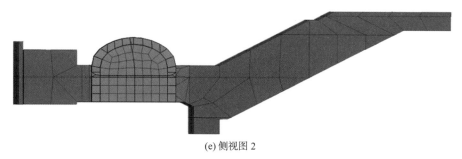

(e) 侧视图 2

图 7.3-1 计算模型

7.4 计算工序

依据设计图纸，本次计算共 4 个主要工序，具体施工顺序如图 7.4-1 所示。

（1）工序 1：降水并从 7 号线车站主体一侧向 2 号线东南出入口方向开挖 2.2m；

（2）工序 2：继续向前开挖 10.8m；

（3）工序 3：继续向前开挖 1.4m；

（4）工序 4：继续向前开挖至接入 2 号线东南侧出入口。

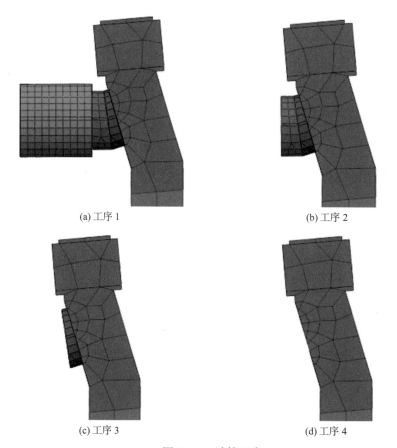

(a) 工序 1   (b) 工序 2

(c) 工序 3   (d) 工序 4

图 7.4-1 计算工序

7.5　沉降及差异沉降

计算结果显示：随着降水和暗挖通道的开挖，既有结构沉降出现先增大后逐渐平稳趋势，综合考虑降水和开挖的影响，既有结构沉降最大值约为 2.01mm，最大差异沉降率约为 0.07‰。各个工序下累积最大沉降及工序差值如表 7.5-1 所示，沉降云图如图 7.5-1 所示。

各个工序下累积最大沉降及工序差值（−表示沉降，+表示上抬）　　　表 7.5-1

工序	累计最大值（mm）	工序差值（mm）
1	−0.89	−0.64
2	−1.53	−0.39
3	−1.92	−0.09
4	−2.01	

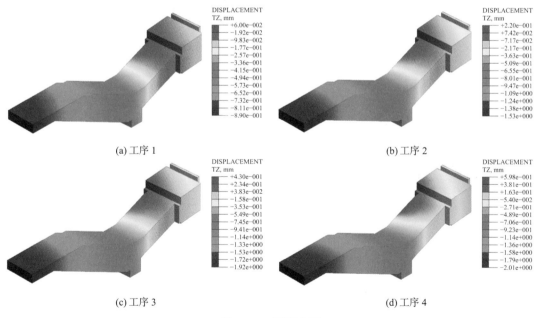

(a) 工序 1　　　　　　　　　　　　(b) 工序 2

(c) 工序 3　　　　　　　　　　　　(d) 工序 4

图 7.5-1　沉降变形

7.6　水平位移

计算结果显示：随着降水和暗挖通道的开挖，既有结构产生了一定的水平位移，综合考虑降水和开挖的影响，既有结构东西方向最大水平位移约为 1.18mm，南北方向最大水平位移约为 0.25mm。各个工序下东西向及南北向累积最大位移如表 7.6-1 所示，水平位移云图如图 7.6-1 和图 7.6-2 所示。

既有结构水平位移统计表（向西为−，向东为+）（向南为−，向北为+）　　　表 7.6-1

工序	东西方向累计最大值（mm）	南北方向累计最大值（mm）
1	−0.66	−0.08
2	−0.83	−0.21
3	−0.92	−0.24
4	−1.18	−0.25

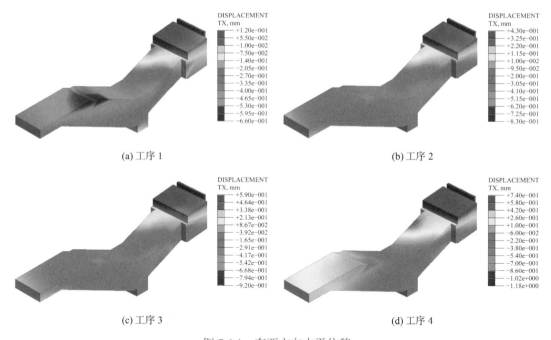

(a) 工序 1　　　　　　　　　　　　　　　(b) 工序 2

(c) 工序 3　　　　　　　　　　　　　　　(d) 工序 4

图 7.6-1　东西方向水平位移

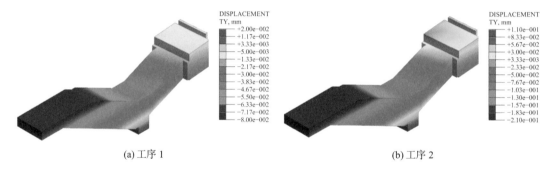

(a) 工序 1　　　　　　　　　　　　　　　(b) 工序 2

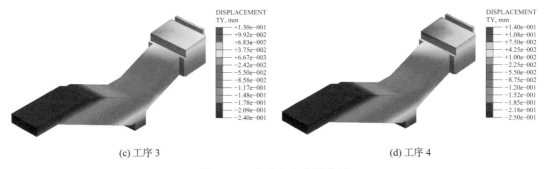

(c) 工序 3　　　　　　　　　　　　　　　　　　(d) 工序 4

图 7.6-2　南北方向水平位移

7.7　评估结论

通过建立三维地层-结构模型进行施工模拟计算，并综合拟建结构施工对既有结构的专项设计和加固等相应措施，在充分研究现有资料和技术措施的前提下，得出如下结论：

（1）随着降水和暗挖通道的开挖，既有结构沉降出现先增大后逐渐平稳趋势，综合考虑降水和开挖的影响，既有结构沉降最大值约为 2.01mm，最大差异沉降率约为 0.07‰。

（2）随着降水和暗挖通道的开挖，既有结构产生了一定的水平位移，综合考虑降水和开挖的影响，既有结构东西方向最大水平位移约为 1.18mm，南北方向最大水平位移约为 0.25mm。

（3）依据相关设计和规范，考虑拟建结构施工对既有地铁车站东南侧出入口结构发生变形的影响，结构极限承载能力满足规范要求。

（4）根据最不利原则，参考数值模拟计算结果、国内类似工程经验，对既有地铁车站东南侧出入口结构推荐如表 7.7-1 所示控制指标值。

既有地铁车站东南侧出入口结构变形推荐控制指标　　　　　　　　表 7.7-1

项目	预警值（70%）	报警值（85%）	控制值
车站结构差异沉降率（‰）	0.70	0.85	1.00
车站结构沉降（mm）	7.0	8.5	10.0
轨道横向高差（mm）	2.5	3.5	4.0
变形速率（mm/d）	1		

第 8 章

暗挖车站下穿既有轻轨高架桥

8.1 工程概况

    某地铁暗挖车站为岛式站台，有效站台宽度 14m，车站总长 197.1m，车站净宽 22.9m，有效站台中线处轨顶标高为 175.753m。车站范围内道路规划标高为 198.47～199.02m，车站主体覆土高度 8.783～8.943m。某地铁暗挖车站主体结构为双层三跨拱顶直墙结构，采用浅埋暗挖一次扣拱法暗挖逆作法施工方法。同时，某地铁暗挖车站为换乘车站，通过地面换乘厅进行换乘，换乘车站南北向设置，为路中高架侧式车站。某地铁暗挖车站共设置 4 个出入口、1 个换乘通道、1 个消防安全出口和 2 个风亭。

    影响范围内既有轻轨高架桥的上部采用预应力混凝土连续箱梁结构，为单箱单室形式。本段桥梁跨径组合为 34＋56＋34m，桥宽 9.4m，梁高 1.6m，梁底宽 4.5m，悬臂长 2.1m，腹板厚度 0.5m，顶板厚度 0.25m，底板厚度 0.22m。桥墩采用 Y 形钢筋混凝土单柱式墩，墩身尺寸为 1.6×2.0m。桥台采用钢筋混凝土板式桥台，基础采用钻孔灌注桩基础，支座为减震球形支座。既有结构建筑外观如图 8.1-1 所示。

图 8.1-1　既有结构建筑外观图

拟建某地铁暗挖车站与既有轻轨高架桥风险源平面上为下穿的关系，拟建某地铁暗挖车站主体结构与既有轻轨桩基础最近水平距离为 15.5m。拟建某地铁暗挖车站主体及附属结构开挖和降水过程中易对既有轻轨高架桥结构产生一定程度的扰动，可能会引起既有轻轨高架桥桩基不均匀沉降、桥面开裂等风险，该工程施工为Ⅱ级风险。

8.2 地质条件

本次勘察揭露地层最大深度为 55.0m，根据钻探资料及室内土工试验结果，按地层沉积年代、成因类型，将本工程场地勘探范围内的土层划分为人工堆积填土层（Q_4^{ml}）、第四系全新统冲洪积层（Q_4^{al+pl}）、白垩系泥岩层（K）、白垩系砂岩层（K）四大类。并按地层岩性及其物理力学性质，进一步分为 9 个亚层。

（1）人工堆积填土层（Q_4^{ml}）

杂填土①层：杂色，湿，松散，以黏性土为主，含大量建筑垃圾、砖渣、生活垃圾等，表层为混凝土地面或沥青路面。本层土厚度 1.00～3.50m，层底标高 195.10～197.75m。

粉质黏土素填土①₁层：灰黑色，可塑，主要以粉质黏土为主，含少量碎石。该层仅在钻孔 DNHDL～10 有分布，厚度 1.80m，层底标高 195.95m。

（2）第四系全新统冲洪积层（Q_4^{al+pl}）

粉质黏土②A2-1层：黄褐色，局部灰褐色，可塑，摇振无反应，稍光滑，干强度和韧性中等，含有机质，压缩模量为 4.1MPa，压缩系数为 0.47MPa⁻¹，中等压缩性。标准贯入试验锤击数实测值 5 击，平均 5 击/30cm。本层土厚度 0.50～3.90m，层底标高 192.39～195.99m。

中粗砂②A7层：灰褐色、浅灰色、灰色，中密，饱和，矿物成份主要由长石石英组成，级配一般，标准贯入试验锤击数实测值 16～29 击，平均 22 击/30cm。本层砂厚度 1.70～4.60m，层底标高 188.99～192.93m。

（3）白垩系泥岩层（K）

全风化泥岩③₁层：紫红色、棕红色、灰绿色，泥质结构，层状构造，原岩结构基本破坏，有少量残余结构强度，泥岩呈黏土状，硬塑—坚硬状态，遇水易软化，易崩解，失水硬化干裂，易钻进，泥岩岩芯较完整，局部夹泥质粉砂岩，呈砂土状，强度较泥岩高，局部见少量钙质胶结砂岩，岩芯破碎。标准贯入试验锤击数实测值 31～46 击，平均 38 击/30cm。本层泥岩厚度 1.70～6.30m，层底标高 184.89～190.18m。

强风化泥岩③₂层：紫红色、棕红色、灰绿色，局部灰白色，泥质结构，层状构造，原岩结构大部分被破坏，风化裂隙发育，泥岩岩芯呈柱状—长柱状，遇水易软化，易崩解，失水硬化干裂，较难钻进，局部夹粉砂岩，粉砂岩呈块状及短柱状，局部见钙质胶结砂岩强度较泥岩高。标准贯入试验锤击数实测值 54～100 击，平均 69 击/30cm，单轴抗压强度（天然）平均值为 0.3MPa，为极软岩，岩体较破碎，岩体基本质量等级为 V 级，RQD 为 30%～45%。本层泥岩厚度 2.40～10.50m，层底标高 178.22～187.68m。

中风化泥岩③₃层：紫红色、棕红色、灰绿色，局部褐红色、灰白色，泥质结构，层状构造，原岩结构部分破坏，风化裂隙较发育，泥岩岩芯呈长柱状，遇水易软化，易崩解，失水硬化干裂，钻进难度增大，局部夹粉砂岩，粉砂岩呈块状及柱状，强度较泥岩高，单轴抗压强度（天然）平均值为 1.7MPa。为极软岩，岩芯呈柱状，岩体较为完整，岩体基本质量等级为 V 级，RQD 为 75%～85%。本次勘察未揭穿该土层。

（4）白垩系砂岩层（K）

强风化砂岩④₂层：灰褐色、青灰色，砂粒结构，泥质胶结，岩芯呈碎石状及柱状，有少量残余强度，手掰不易碎，结构大部分破坏，可见原岩结构，用手不易掰碎，敲击易碎，干钻不易钻进，局部夹泥岩层。标准贯入试验锤击数实测值 150 击/30cm，单轴抗压强度（天然）平均值为 1.1MPa，为极软岩。岩体较破碎，岩体基本质量等级为 V 级，RQD 为 35%～45%。本层局部缺失，厚度 1.40～5.70m，层底标高 177.89～186.28m。

中风化砂岩④₃层：灰褐色、灰绿色、青灰色、灰白色，砂粒结构，泥质胶结，岩芯呈块及柱状，岩块坚硬，矿物成分以石英、长石为主，干钻不易钻进，局部夹泥岩层。单轴抗压强度（天然）平均值为 2.0MPa，为极软岩。岩体较为完整，岩体基本质量等级为 V 级，RQD 为 75%～85%。本次勘察未揭穿该土层。

各层岩土性质主要参数如表 8.2-1 所示。

土层物理力学参数

表 8.2-1

地层编号	地层名称	天然密度（g/cm³）	静止侧压力系数	黏聚力（kPa）	内摩擦角（°）	承载力特征值（kPa）	水平基床系数（MPa/m）	垂直基床系数（MPa/m）	土体与锚固体极限粘结强度标准值（kPa）	渗透系数（m/d）	侧阻力特征值（kPa）	端阻力特征值（kPa）
①	杂填土	1.75	—	5	8	—	—	—	—	—	—	—
①₁	粉质黏土素填土	1.80	—	12	10	—	—	—	—	—	—	—
②_{A2-1}	粉质黏土	1.91	0.59	35	17	160	22	28	40	0.50	25	—
②_{A7}	中粗砂	2.10	0.38	0	28	280	30	35	200	30.0	35	—
③₁	全风化泥岩	1.95	0.34	35	20	290	35	41	60	0.50	35	700
③₂	强风化泥岩	2.12	0.32	60	25	450	135	160	600	0.40	60	900
③₃	中风化泥岩	2.24	0.28	120	35	600	200	220	650		78	1200
④₂	强风化砂岩	2.21	0.30	60	28	500	140	165	650	0.45	65	900
④₃	中风化砂岩	2.25	0.26	120	38	900	200	230	700		85	1200

8.3 计算模型

本次评估计算采用基于有限元软件 midas GTS NX，建立三维地层-结构模型进行计算。计算模型长度为 90m，宽度为 27m，深度为 40m，计算模型如图 8.3-1 所示。

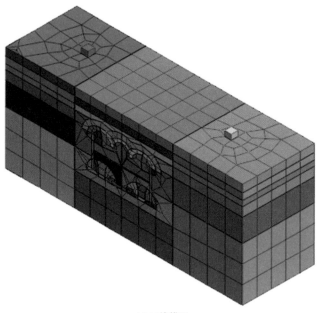

(a) 三维模型

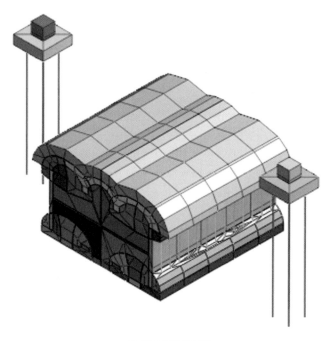

(b) 相对位置关系图

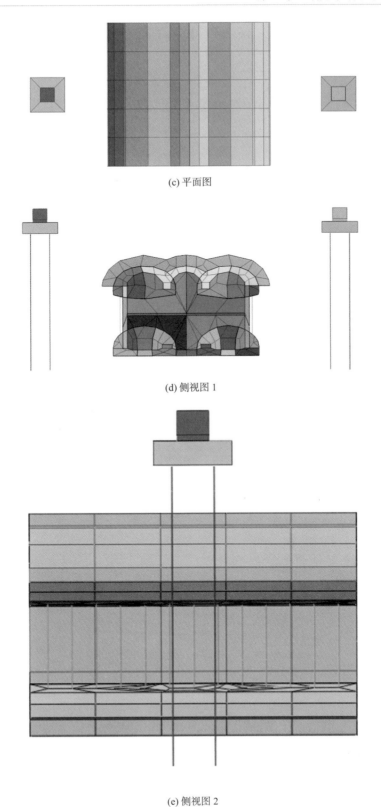

(c) 平面图

(d) 侧视图 1

(e) 侧视图 2

图 8.3-1　计算模型

8.4 计算工序

依据设计图纸，本次计算共 11 个工序，其中主要工序为 6 个工序，具体施工顺序如图 8.4-1 所示。

（1）工序 1：在风道内施作超前管棚及第一组超前小导管，注浆加固地层，先后开挖 1、2 号洞室土体，施作初期支护；

（2）工序 2：施作小导管注浆加固地层，继续开挖 3、4 号洞室，施作初期支护；

（3）工序 3：先后开挖 5、6 号洞室，施作初期支护，完成下导洞施工；

（4）工序 4：施作小导管注浆加固地层，先后开挖 7、8 号洞室，施作初期支护；

（5）工序 5：先后开挖 9、10 号洞室，施作初期支护，完成上导洞施工；

（6）工序 6：凿除导洞临时中隔壁，施作二衬并开挖内部土体。

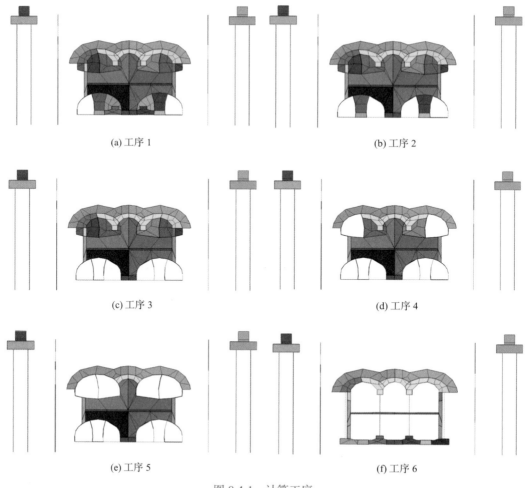

(a) 工序 1   (b) 工序 2

(c) 工序 3   (d) 工序 4

(e) 工序 5   (f) 工序 6

图 8.4-1　计算工序

8.5　沉降及差异沉降

计算结果显示：随着暗挖车站的开挖，既有轻轨沉降出现先增大后逐渐平稳趋势，综合考虑降水和开挖的影响，既有轻轨沉降最大值约为 3.60mm，最大差异沉降率约为 0.07‰。各个工序下累积最大沉降及最大差异沉降率如表 8.5-1 所示，沉降云图如图 8.5-1 所示。

各个工序下累积最大沉降及最大差异沉降率（−表示沉降，+表示上抬）　表 8.5-1

工序	累计最大值（mm）	最大差异沉降率（‰）
1	−1.14	0.03
2	−1.61	0.04
3	−2.45	0.06
4	−2.64	0.05
5	−3.25	0.07
6	−3.60	0.07

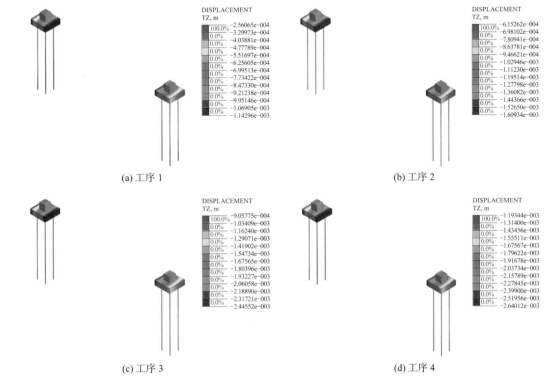

(a) 工序 1　　　　　　　　　　(b) 工序 2

(c) 工序 3　　　　　　　　　　(d) 工序 4

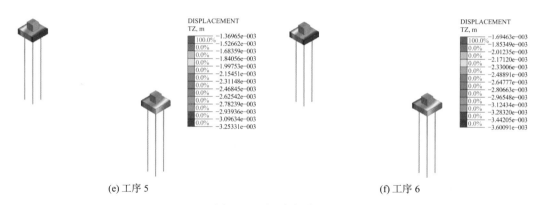

(e) 工序 5   (f) 工序 6

图 8.5-1   沉降变形

8.6   水平位移

计算结果显示：随着暗挖车站的开挖，既有结构产生了一定的水平位移，综合考虑降水和开挖的影响，既有结构东西方向最大水平位移约为 0.86mm，南北方向最大水平位移约为 2.82mm。各个工序下东西向及南北向累积最大位移如表 8.6-1 所示，水平位移云图如图 8.6-1、图 8.6-2 所示。

既有结构水平位移统计表（向西为−，向东为＋）（向南为−，向北为＋）   表 8.6-1

工序	东西方向累计最大值（mm）	南北方向累计最大值（mm）
1	−0.83	2.60
2	−0.84	2.70
3	−0.84	2.73
4	−0.84	2.78
5	−0.85	2.80
6	−0.86	2.82

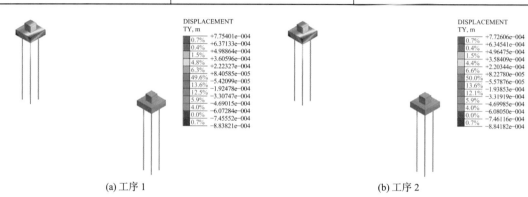

(a) 工序 1   (b) 工序 2

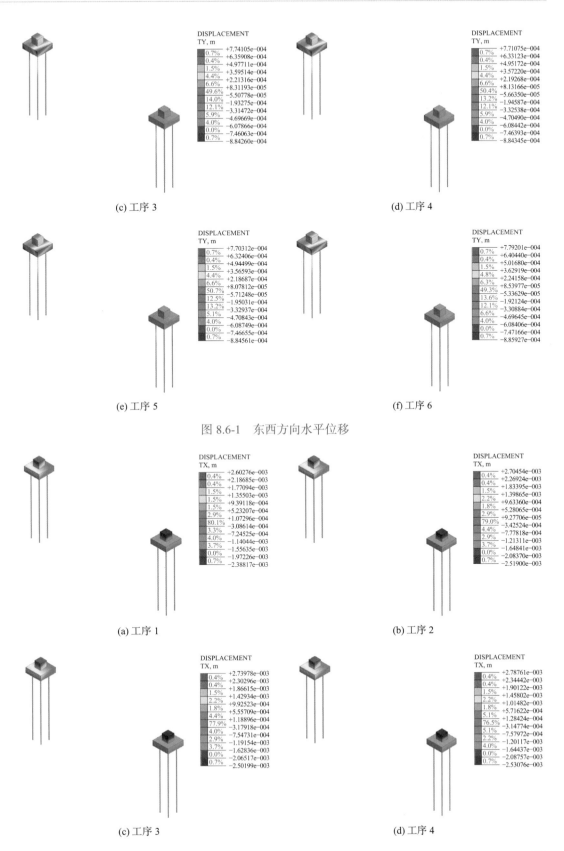

(c) 工序 3

(d) 工序 4

(e) 工序 5

(f) 工序 6

图 8.6-1　东西方向水平位移

(a) 工序 1

(b) 工序 2

(c) 工序 3

(d) 工序 4

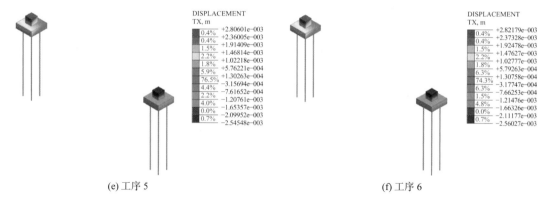

(e) 工序 5   (f) 工序 6

图 8.6-2　南北方向水平位移

8.7　评估结论

通过建立三维地层-结构模型进行施工模拟计算，并综合拟建结构施工对既有结构的专项设计和加固等相应措施，在充分研究现有资料和技术措施的前提下，得出如下结论：

（1）随着暗挖车站的开挖，既有轻轨结构沉降出现先增大后逐渐平稳趋势，综合考虑降水和开挖的影响，既有轻轨结构沉降最大值约为 3.60mm，最大差异沉降率约为 0.07‰。

（2）随着暗挖车站的开挖，既有结构产生了一定的水平位移，综合考虑降水和开挖的影响，既有结构东西方向最大水平位移约为 0.86mm，南北方向最大水平位移约为 2.82mm。

（3）依据相关设计和规范，考虑拟建结构施工对既有轻轨结构发生变形的影响，结构极限承载能力满足规范要求。

（4）根据最不利原则，参考数值模拟计算结果、国内类似工程经验，对既有轻轨结构推荐如表 8.7-1 所示控制指标值。

既有轻轨结构变形推荐控制指标　　　　　　　　　　　　　　表 8.7-1

项目	预警值（70%）	报警值（85%）	控制值
车站结构差异沉降率（‰）	0.70	0.85	1.00
车站结构沉降（mm）	7.0	8.5	10.0
轨道横向高差（mm）	2.5	3.5	4.0
变形速率（mm/d）	1		

第 9 章

盖挖车站下穿既有城市快速路高架桥

9.1　工程概况

　　某盖挖车站为地下岛式车站，有效站台宽度为 23m，有效站台长度为 118m，有效站台中心线处轨顶标高为 183.692m；车站全长 142.6m，车站主体覆土高度 2.1～4.4m，中心里程处覆土约 4.4m，西端覆土约 2.9m，东端覆土约为 2.1m。其中标准段总长度为 128.5m，标准段车站主体标准段宽度 31.7m，盾构段宽度 36.5m。车站坡度方向为沿车站纵向，由小里程 K35＋187.557km 坡向大里程端 K35＋330.157km，坡度为 0.2%。本站共设 4 个出入口、1 个无障碍出入口、6 个安全出口以及 2 组风亭。车站主体（含外挂合建风亭）采用盖挖逆作法施工。附属出入口等结构主要采用明挖及暗挖法施工。本站小里程端接暗挖区间，大里程端接盾构区间，为盾构接收井。车站主体顶板及中板设置轨排井。

　　影响范围内既有城市快速路高架桥的上部采用预应力混凝土连续箱梁结构，为单箱三室形式。本段桥梁共 3 跨，跨径组合 27.5m＋30m＋27.5m 的等截面预应力混凝土连续箱梁；桥宽为 25m，桥宽组合为 0.5m（防撞护栏）＋11.75m（快速路行车道）＋0.5m（中央分隔带）＋11.75m（快速路行车道）＋0.5m（防撞护栏），梁高为 2.0m，悬臂长为 5.0m。下部桥墩由 2 根 1.7m×1.7m 的方墩组成，在距离墩柱顶部 0.4m 的位置设置连系梁，钻孔桩基础。全桥均采用 LQZ 球钢支座。既有结构建筑外观如图 9.1-1 所示。

图 9.1-1　既有结构建筑外观图

拟建盖挖车站与既有城市快速路高架桥风险源平面上为下穿的关系，拟建盖挖车站主体结构与既有城市快速路高架桥桩基最近水平距离为5.1m。盖挖车站开挖和坑外降水过程中易对既有城市快速路高架桥结构产生一定程度的扰动，可能会引起既有城市快速路高架桥桩基不均匀沉降、桥面开裂等风险，该工程施工为Ⅱ级风险。

9.2　地质条件

本场地位于河谷冲积阶地，根据本次勘察所揭示的地层情况，在55m的勘探深度内所揭露地层从新到老详细分述如下：

（1）人工填土层（Q_4^{ml}）

杂填土①层：杂色，湿，松散，以黏性土为主，含大量建筑垃圾、砖渣、生活垃圾等，局部表层为混凝土地面或沥青路面。本层土厚度2.00～5.10m，层底标高194.74～197.88m。

（2）第四系全新统冲洪积层（Q_4^{al+pl}）

粉质黏土②$_{A2-1}$层：黄褐色、灰褐色，可塑，摇振无反应，稍光滑，干强度和韧性中等，含有机质，压缩模量为4.3MPa，压缩系数为0.44MPa^{-1}，中等压缩性。本层土厚度0.70～3.30m，层底标高193.81～195.17m。

中粗砂②$_{A7}$层：灰褐色，中密，饱和，矿物成分主要由石英、长石组成，级配一般，标准贯入试验锤击数实测值16～28击，平均22击/30cm。本层砂厚度0.90～6.10m，层底标高188.42～192.99m。

（3）白垩系砾岩层（K）

全风化泥岩③$_1$层：紫红色、棕红色、灰绿色，泥质结构，层状构造，原岩结构基本破坏，有少量残余结构强度，泥岩呈黏土状，硬塑—坚硬状态，遇水易软化，易崩解，失水硬化干裂，易钻进，泥岩岩芯较完整，局部夹泥质粉砂岩，呈砂土状，强度较泥岩高，局部见少量钙质胶结砂岩，岩芯破碎。标准贯入试验锤击数实测值31～49击，平均39击/30cm。本层泥岩厚度1.00～4.20m，层底标高186.52～191.91m。

强风化泥岩③$_2$层：紫红色、棕红色、灰绿色，泥质结构，层状构造，原岩结构大部分被破坏，风化裂隙发育，岩芯呈柱状—长柱状，遇水易软化，易崩解，失水硬化干裂，较难钻进，局部夹粉砂岩，粉砂岩呈块状及短柱状，局部见钙质胶结砂岩强度较泥岩高，泥岩岩芯较完整，砂岩岩芯较破碎。标准贯入试验锤击数实测值50～75击，平均58击/30cm，单轴天然抗压强度0.2～0.6MPa，平均值为0.4MPa，为极软岩。岩体破碎，RQD为25%～40%。岩体基本质量等级为Ⅴ级。本层泥岩厚度0.90～7.60m，层底标高179.87～189.00m。

中风化泥岩③$_3$层：紫红色、棕红色、灰绿色，泥质结构，层状构造，原岩结构部分破坏，风化裂隙较发育，泥岩岩芯呈长柱状，遇水易软化，易崩解，失水硬化干裂，钻进难度增大，局部夹粉砂岩，粉砂岩呈块状及柱状，强度较泥岩高，岩芯呈柱状，较为完整。

标准贯入试验锤击数实测值平均 187 击/30cm，单轴抗压强度（天然）0.5～4.5MPa，平均值为 1.8MPa，为极软岩。岩体完整程度为较完整，RQD 为 40%～65%。岩体基本质量等级为 V 级。本次勘察未揭穿该土层。

（4）白垩系砂岩层（K）

强风化砂岩④$_2$层：紫红色、青灰色、灰绿色，局部灰白色，砂粒结构，泥质胶结，岩芯呈碎石状及柱状，有少量残余强度，手掰不易碎，结构大部分破坏，可见原岩结构，用手不易掰碎，敲击易碎，干钻不易钻进，局部夹泥岩层。标准贯入试验锤击数实测值 93～120 击，平均 103 击/30cm，单轴抗压强度（天然）0.2～10.3MPa，平均值为 2.3MPa，为极软岩。本层局部缺失，厚度 2.30～10.70m，层底标高 180.19～186.56m。

中风化砂岩④$_3$层：紫红色、青灰色、灰绿色，局部灰白色，砂粒结构，泥质胶结，岩芯呈块及柱状，岩块坚硬，矿物成分以石英、长石为主，干钻不易钻进，局部夹泥岩层。单轴抗压强度（天然）0.6～7.4MPa，平均值为 3.2MPa，为极软岩。岩体基本质量等级为 V 级。

车站底板位于中风化泥岩③$_3$层。各层岩土性质主要参数如表 9.2-1 所示。

土层物理力学参数　　　　　　　　　　　　　　　　　　　　　表 9.2-1

地层编号	地层名称	天然密度（g/cm³）	静止侧压力系数	黏聚力（kPa）	内摩擦角（°）	承载力特征值（kPa）	水平基床系数（MPa/m）	垂直基床系数（MPa/m）	土体与锚固体极限粘结强度标准值（kPa）	渗透系数（m/d）	侧阻力特征值（kPa）	端阻力特征值（kPa）
①	杂填土	1.75	—	5	8	—	—	—	—	—	—	—
②$_{A2-1}$	粉质黏土	1.92	0.52	27	13	160	22	25	40	0.50	25	—
②$_{A7}$	中粗砂	2.10	0.38	0	28	280	35	30	200	30.0	35	—
③$_1$	全风化泥岩	2.03	0.34	35	20	290	41	35	70	0.50	35	700
③$_2$	强风化泥岩	2.13	0.32	60	25	450	160	135	600	0.40	60	900
③$_3$	中风化泥岩	2.26	0.28	120	35	600	220	200	650	—	78	1200
④$_2$	强风化砂岩	2.22	0.30	60	28	500	165	140	650	0.45	65	900
④$_3$	中风化砂岩	2.30	0.26	120	38	900	230	200	700	—	85	1200

9.3 计算模型

本次评估计算采用基于有限元软件 midas GTS NX，建立三维地层-结构模型进行计算。计算模型长度为 263m，宽度为 186m，深度为 60m，计算模型如图 9.3-1 所示。

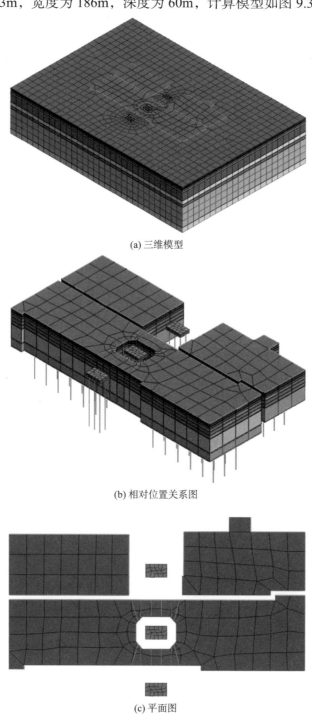

(a) 三维模型

(b) 相对位置关系图

(c) 平面图

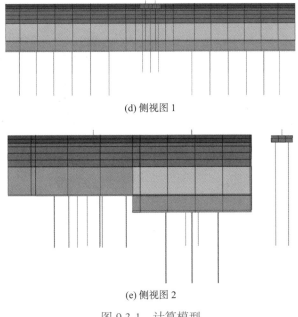

(d) 侧视图 1

(e) 侧视图 2

图 9.3-1　计算模型

9.4　计算工序

依据设计图纸，本次计算共 11 个工序，其中主要工序为 4 个工序，具体施工顺序如图 9.4-1 所示。

（1）工序 1：平整场地，并开始降水，施做车站的围护桩、桩顶冠梁、浅基坑架设钢支撑、中间桩基础，施工钢柱，浇筑钢管柱内混凝土；

（2）工序 2：开挖至顶板设计标高，施作车站的顶板结构，回填顶板覆土；

（3）工序 3：开挖土方，施工短桩顶部冠梁，依次分别施工车站中板处围护桩顶冠梁，负一层中板及外挂部分风亭底板、负一层侧墙；

（4）工序 4：继续开挖至设计坑底标高，依次施作底板、侧墙、主体结构施工完成。

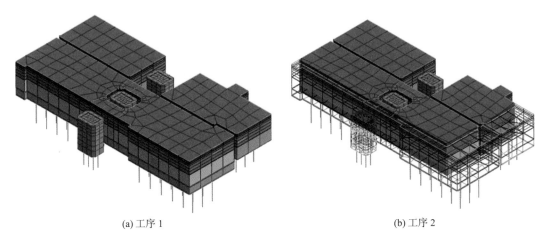

(a) 工序 1

(b) 工序 2

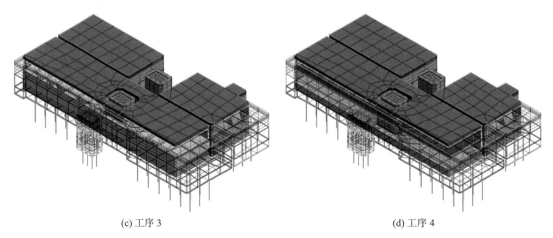

(c) 工序 3　　　　　　　　　　　　　　　　(d) 工序 4

图 9.4-1　计算工序

9.5　沉降及差异沉降

计算结果显示：随着盖挖逆筑法车站的开挖，既有城市快速路高架桥结构基础沉降出现先增大后逐渐平稳趋势，综合考虑降水和开挖的影响，既有城市快速路高架桥结构基础沉降最大值约为 2.85mm，最大差异沉降率约为 0.10‰。各个工序下累积最大沉降及最大差异沉降率如表 9.5-1 所示，沉降云图如图 9.5-1 所示。

各个工序下累积最大沉降及最大差异沉降率（−表示沉降，+表示上抬）　表 9.5-1

工序	累计最大值（mm）	最大差异沉降率（‰）
1	−1.09	0.04
2	−2.49	0.09
3	−2.49	0.09
4	−2.85	0.10

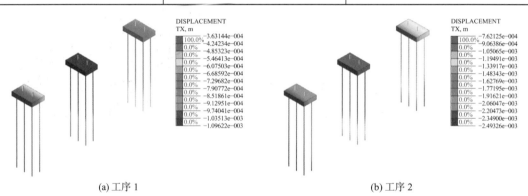

(a) 工序 1　　　　　　　　　　　　　　　　(b) 工序 2

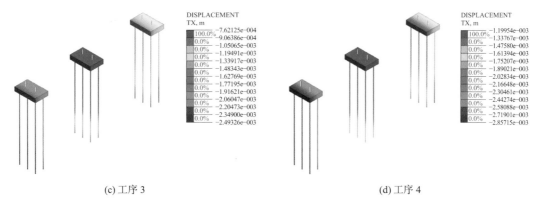

(c) 工序 3　　　　　　　　　　　　　　　　　　　　(d) 工序 4

图 9.5-1　沉降变形

9.6　水平位移

计算结果显示：随着盖挖逆筑法车站的开挖，既有结构基础产生了一定的水平位移，综合考虑降水和开挖的影响，既有结构基础东西方向最大水平位移约为 0.10mm，南北方向最大水平位移约为 1.12mm。各个工序下东西向及南北向累积最大位移如表 9.6-1 所示，水平位移云图如图 9.6-1、图 9.6-2 所示。

既有结构水平位移统计表（向西为−，向东为＋）（向南为−，向北为＋）　　表 9.6-1

工序	东西方向累计最大值（mm）	南北方向累计最大值（mm）
1	0.02	0.17
2	0.03	0.35
3	0.06	0.39
4	0.10	1.12

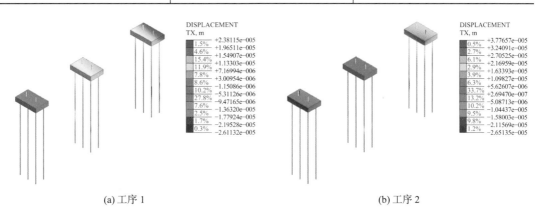

(a) 工序 1　　　　　　　　　　　　　　　　　　　　(b) 工序 2

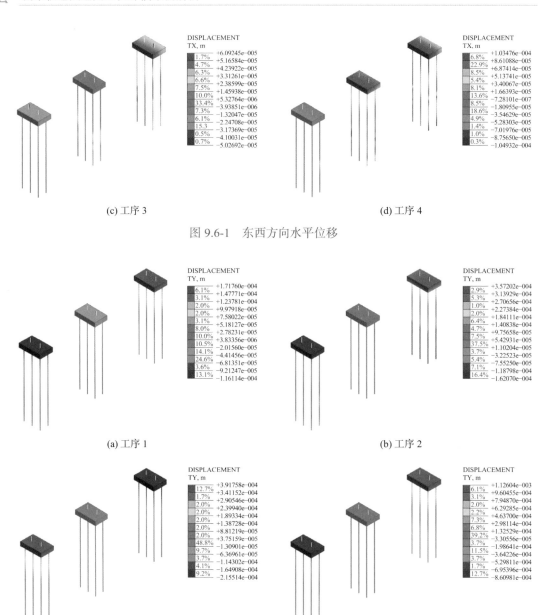

(c) 工序 3   (d) 工序 4

图 9.6-1 东西方向水平位移

(a) 工序 1   (b) 工序 2

(c) 工序 3   (d) 工序 4

图 9.6-2 南北方向水平位移

9.7 评估结论

通过建立三维地层-结构模型进行施工模拟计算，并综合拟建结构施工对既有结构的专项设计和加固等相应措施，在充分研究现有资料和技术措施的前提下，得出如下结论：

（1）随着盖挖逆筑法车站的开挖，既有城市快速路高架桥结构基础沉降先增大后逐渐平稳趋势，综合考虑降水和开挖的影响，既有城市快速路高架桥结构基础沉降最大值约为

2.85mm，最大差异沉降率约为 0.10‰。

（2）随着盖挖逆筑法车站的开挖，既有结构基础产生了一定的水平位移，综合考虑降水和开挖的影响，既有结构基础东西方向最大水平位移约为 0.10mm，南北方向最大水平位移约为 1.12mm。

（3）依据相关设计和规范，考虑拟建结构施工对既有城市快速路高架桥结构发生变形的影响，结构极限承载能力满足规范要求。

（4）根据最不利原则，参考数值模拟计算结果、国内类似工程经验，对既有城市快速路高架桥结构推荐如表 9.7-1 所示控制指标值。

既有城市快速路高架桥结构变形推荐控制指标　　表 9.7-1

项目	预警值（70%）	报警值（85%）	控制值
结构差异沉降率（‰）	0.70	0.85	1.00
结构沉降（mm）	7.0	8.5	10.0
变形速率（mm/d）	1		

第 10 章

明挖车站出入口邻近既有十二层框架结构

10.1 工程概况

明挖车站出入口邻近既有房屋建于 2006 年，结构类型为地下 1 层、地上 12 层钢筋混凝土框架结构。房屋建筑面积为 18439m²，结构总长度为 68.150m，总宽度为 24.900m，结构总高度为 44.870m，基础形式为桩基础。既有结构建筑外观如图 10.1-1 所示。

图 10.1-1　既有结构建筑外观图

拟建明挖车站出入口与既有十二层框架结构房屋最近水平距离为 12.2m。明挖车站出入口开挖和坑外降水过程中易对既有十二层框架结构房屋结构产生一定程度的扰动，可能会引起既有十二层框架结构房屋结构开裂等风险，该工程施工为 Ⅱ 级风险。

10.2 地质条件

本次勘察揭露地层最大深度为 55.0m，根据钻探资料及室内土工试验结果，按地层沉积年代、成因类型，将本工程场地勘探范围内的土层划分为人工堆积填土层（Q_4^{ml}）、第四系全新统冲洪积层（Q_4^{al+pl}）和白垩系泥岩层（K）、白垩系砂岩层（K）四大类。并按地层岩性及其物理力学性质进一步分为10个亚层，各土层概述如下：

（1）人工堆积填土层（Q_4^{ml}）

杂填土①层：杂色，稍湿，主要由黏性土和建筑垃圾组成，结构松散，密度不均，部分地段上部为人工路面结构层，南湖公园内上部为薄层耕植土。本层土厚度1.50～6.00m，层底标高190.53～199.00m。

（2）第四系中更新统冲积层（Q_4^{al}）

粉质黏土②$_{A1}$层：灰褐色—灰黑色，可塑，摇振无反应，稍光滑，干强度和韧性中等，该层仅分布于伊通河底部，该层上部局部分布有薄层淤泥质土。本层土厚度2.40～3.20m，层底标高191.08～192.10m。

粉质黏土②$_{A2-1}$层：黄褐色—褐黄色，可塑偏软，摇振无反应，稍光滑，干强度和韧性中等，压缩模量为5.0MPa，压缩系数为0.40MPa^{-1}，中等压缩性。本层土厚度2.10～2.40m，层底标高19.3.45～195.35m。

粉质黏土②$_{A2}$层：灰褐色—灰黑色，可塑偏软，摇振无反应，稍光滑，干强度和韧性中等，压缩模量为5.7MPa，压缩系数为0.30MPa^{-1}，中等压缩性，有机质含量为1.7%～13.6%，平均值为4.2%，为无机土；本层土厚度0.70～7.10m，层底标高191.48～197.45m。

中粗砂②$_{A7}$：灰褐色，饱和，中密—密实，矿物成份主要由长石、石英组成，级配一般，标准贯入试验锤击数实测值17～35击，平均22击/30cm，为中密；本层土厚度0.60～5.70m，层底标高188.85～193.76m。

（3）白垩系泥岩层（K）

全风化泥岩③$_1$层：棕红、紫红、青灰色，泥质胶结，层状构造，原岩结构基本破坏，有少量残余结构强度，泥岩呈黏土状，硬塑—坚硬状态，遇水易软化，易崩解，失水硬化干裂，易钻进，泥岩岩芯较完整，局部夹砂土状泥质粉砂岩，强度较泥岩高，局部见少量钙质胶结砂岩，岩芯破碎。标准贯入试验锤击数实测值28～46击，平均37击/30cm。本层土厚度0.80～6.80m，层底标高183.73～192.56m。

强风化泥岩③$_2$层：棕红、紫红、青灰色，层状构造，原岩结构大部分破坏，风化裂隙发育，泥岩岩芯呈柱状—长柱状，遇水易软化，易崩解，失水硬化干裂，较难钻进，局部夹粉砂岩，粉砂岩呈块状及短柱状，局部见钙质胶结砂岩强度较泥岩高，泥岩岩芯较完整，砂岩岩芯较破碎。标准贯入试验锤击数实测值56～100击，平均81击/30cm，单轴抗压强度（天然）实测值0.1～3.8MPa，平均值为0.5MPa，为极软岩，岩体破碎，RQD<60%，岩体基本质量等级为Ⅴ级。本层土厚度1.80～12.00m，层底标高176.50～189.35m。

中风化泥岩③$_3$层：棕红、紫红、青灰色，层状构造，原岩结构部分破坏，风化裂隙较发育，泥岩岩芯呈长柱状，遇水易软化，易崩解，失水硬化干裂，钻进难度增大，部分钻孔泥岩强度较高，局部夹粉砂岩，粉砂岩呈块状及柱状，强度较泥岩高，岩芯呈柱状，较为完整。单轴抗压强度（天然）实测值 0.1～7.4MPa，平均值为 1.2MPa，为极软岩。岩体基本质量等级为 V 级。其中，天然单轴抗压强度大于 4MPa 的钻孔编号、位置及单轴抗压强度如下：XQ7DLDN-005 号钻孔 33.0m 6.2MPa；XQ7DLDN-005 号钻孔 35.0m 5.2MPa；XQ7DLDN-005 号钻孔 37.0m 4.5MPa；XQ7DLDN-009 号钻孔 41.0m 7.4MPa；XQ7DLDN-010 号钻孔 19.0m 4.1MPa；XQ7DLDN-001 号钻孔 31.0m 4.8MPa；XQ7DLDN-001 号钻孔 35.0m 4.3MPa；XQ7DLDN-059 号钻孔 17.5m 6.1MPa；XQ4DLDN-034 号钻孔 20.0m 5.3MPa；XQ4DLDN-034 号钻孔 35.0m 4.4MPa；XQ4DLDN-017 号钻孔 26.0m 6.3MPa。

（4）白垩系砂岩层（K）

强风化砂岩④$_2$层：青灰、灰白、灰绿色，泥质胶结为主，局部为钙质胶结，岩芯呈碎石状及柱状，有少量残余强度，手掰不易碎，结构大部分破坏，可见原岩结构，干钻不易钻进，局部夹泥岩层。岩体破碎，RQD < 40%，岩体基本质量等级为 V 级。该层在本工点局部分布，且分布厚度较小，以透镜体形式存在于泥岩层中，厚度 1.70m，层底标高 186.80m。

中风化砂岩④$_3$层：青灰、灰白、灰绿色，泥质胶结为主，夹较多钙质胶结，岩芯呈块及短柱状，岩块坚硬，矿物成分以石英、长石为主，干钻不易钻进，局部夹泥岩层。岩体破碎，RQD < 60%，岩体基本质量等级为 V 级。该层在本工点局部分布，且分布厚度较小，多以透镜体形式存在于泥岩层中，厚度 1.60～2.80m，层底标高 171.35～178.76m。

土层物理力学参数见表 10.2-1。

土层物理力学参数　　　　　　　　　　　　　　　　　　表 10.2-1

地层编号	地层名称	天然密度（g/cm³）	静止侧压力系数	黏聚力（kPa）	内摩擦角（°）	承载力特征值（kPa）	水平基床系数（MPa/m）	垂直基床系数（MPa/m）	土体与锚固体极限粘结强度标准值（kPa）	渗透系数（m/d）	单轴抗压强度标准值（kPa）
①	杂填土	1.75	0.5	5	8	—	—	—	16	—	—
②$_{A1}$	粉质黏土	1.93	0.5	30	16	140	22	23	38	0.50	—
②$_{A2-1}$	粉质黏土	1.91	0.49	33	17	158	23	24	40	0.50	—
②$_{A2}$	粉质黏土	1.90	0.49	32	16	163	25	24	45	0.50	—
②$_{A7}$	中粗砂	2.10	0.38	0	28	280	30	35	90	30.00	—
③$_1$	全风化泥岩	2.04	0.38	30	20	290	35	41	80	0.50	0.5
③$_2$	强风化泥岩	2.13	0.32	60	25	450	135	160	150	0.40	1.2

地层编号	地层名称	天然密度（g/cm³）	静止侧压力系数	黏聚力（kPa）	内摩擦角（°）	承载力特征值（kPa）	水平基床系数（MPa/m）	垂直基床系数（MPa/m）	土体与锚固体极限粘结强度标准值（kPa）	渗透系数（m/d）	单轴抗压强度标准值（kPa）
③₃	中风化泥岩	2.20	0.28	120	28	600	200	220	230	0.30	230
④₂	强风化砂岩	2.21	0.30	60	28	500	140	165	160	0.45	160
④₃	中风化砂岩	2.43	0.26	120	38	900	200	230	260	0.35	260

10.3 计算模型

本次评估计算采用基于有限元软件 midas GTS NX，建立三维地层-结构模型进行计算。计算模型长度为 130m，宽度为 100m，深度为 50m，计算模型如图 10.3-1 所示。

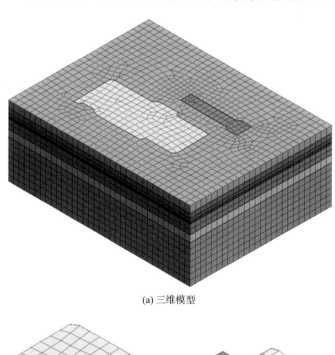

(a) 三维模型

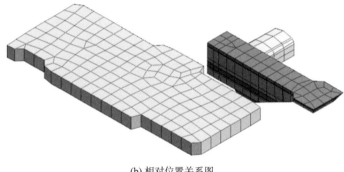

(b) 相对位置关系图

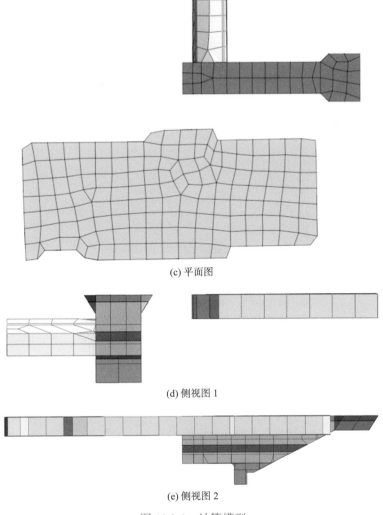

(c) 平面图

(d) 侧视图 1

(e) 侧视图 2

图 10.3-1　计算模型

10.4　计算工序

依据设计图纸，本次计算共分为 5 个主要工序，具体施工顺序如图 10.4-1 所示。

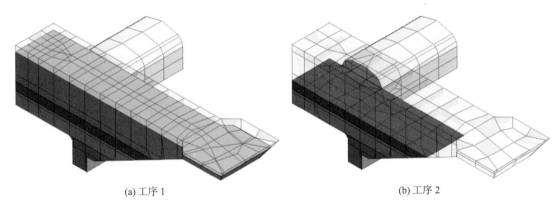

(a) 工序 1   (b) 工序 2

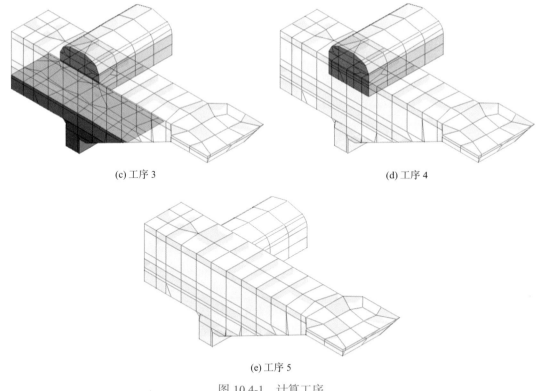

(c) 工序 3　　　　　　　　　　　　　　　　　　(d) 工序 4

(e) 工序 5

图 10.4-1　计算工序

（1）工序 1：平整场地并开始降水，开挖 4 号出入口至冠梁底标高，施作围护桩、冠梁及第一道支撑；

（2）工序 2：开挖至第二道支撑以下 0.5m；

（3）工序 3：开挖至第三道支撑以下 0.5m；

（4）工序 4：开挖至坑底；

（5）工序 5：开挖暗挖段。

10.5　沉降及差异沉降

计算结果显示：随着降水和 4 号出入口的开挖，既有十二层框架结构房屋结构沉降先增大后逐渐平稳趋势，综合考虑降水和开挖的影响，既有十二层框架结构房屋结构沉降最大值约为 8.95mm，最大差异沉降率约为 0.69‰。各个工序下累积最大沉降及工序差值如表 10.5-1 所示，沉降云图如图 10.5-1 所示。

各个工序下累积最大沉降及工序差值（−表示沉降，+表示上抬）　　　表 10.5-1

工序	累计最大值（mm）	工序差值（mm）
1	−2.72	−3.52

续表

工序	累计最大值（mm）	工序差值（mm）
2	−6.24	−1.06
3	−7.30	−1.68
4	−8.98	−0.03
5	−8.95	

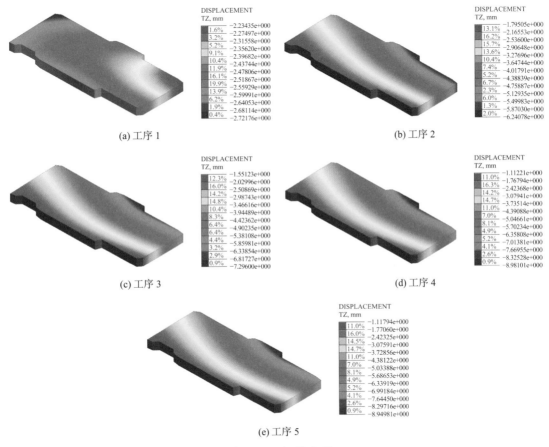

(a) 工序 1　　　　　　　　　　　　　　　　　(b) 工序 2

(c) 工序 3　　　　　　　　　　　　　　　　　(d) 工序 4

(e) 工序 5

图 10.5-1　沉降变形

10.6　水平位移

计算结果显示：随着降水和 4 号出入口的开挖，既有结构产生了一定的水平位移，综合考虑降水和开挖的影响，既有结构东西方向最大水平位移约为 0.76mm，南北方向最大水平位移约为 0.97mm。各个工序下东西向及南北向累积最大位移如表 10.6-1 所示，水平位移云图如图 10.6-1 和图 10.6-2 所示。

既有结构水平位移统计表（向西为−，向东为+）（向南为−，向北为+）　表 10.6-1

工序	东西方向累计最大值（mm）	南北方向累计最大值（mm）
1	−0.05	−0.10
2	0.76	−0.97
3	0.60	−0.83
4	−0.25	0.86
5	−0.25	0.85

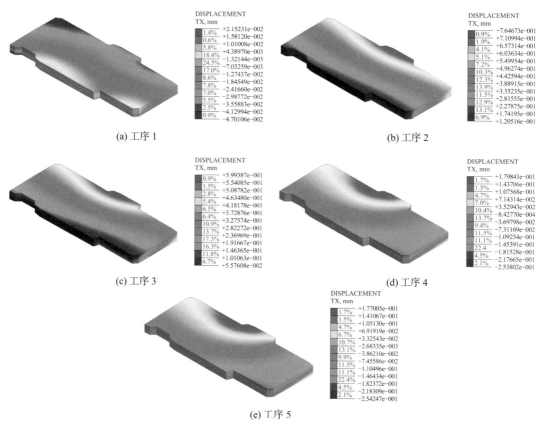

(a) 工序 1 　　　　　　(b) 工序 2

(c) 工序 3 　　　　　　(d) 工序 4

(e) 工序 5

图 10.6-1　东西方向水平位移

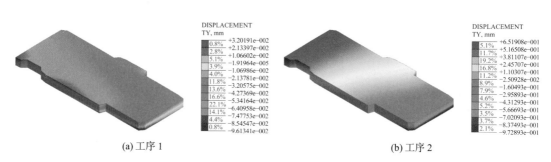

(a) 工序 1 　　　　　　(b) 工序 2

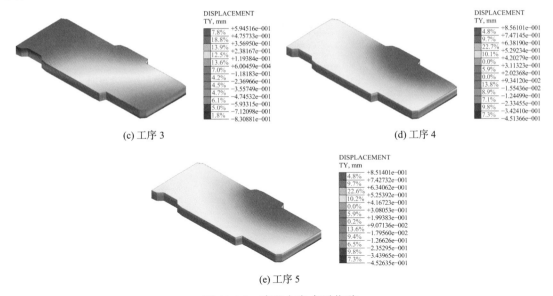

(c) 工序 3　　　　　　　　　　　　　　　　(d) 工序 4

(e) 工序 5

图 10.6-2　南北方向水平位移

10.7　评估结论

通过建立三维地层-结构模型进行施工模拟计算，并综合拟建结构施工对既有结构的专项设计和加固等相应措施，在充分研究现有资料和技术措施的前提下，得出如下结论：

（1）随着降水和 4 号出入口的开挖，既有十二层框架结构房屋结构沉降先增大后逐渐平稳趋势，综合考虑降水和开挖的影响，既有十二层框架结构房屋结构沉降最大值约为 8.95mm，最大差异沉降率约为 0.69‰。

（2）随着降水和 4 号出入口的开挖，既有结构产生了一定的水平位移，综合考虑降水和开挖的影响，既有结构东西方向最大水平位移约为 0.76mm，南北方向最大水平位移约为 0.97mm。

（3）依据相关设计和规范，考虑拟建结构施工对既有十二层框架结构房屋结构发生变形的影响，结构极限承载能力满足规范要求。

（4）根据最不利原则，参考数值模拟计算结果、国内类似工程经验，对既有十二层框架结构房屋结构推荐如表 10.7-1 所示控制指标值。

既有十二层框架结构房屋结构变形推荐控制指标　　　　　　　　表 10.7-1

项目	预警值（70%）	报警值（85%）	控制值
结构差异沉降率（‰）	0.70	0.85	1.00
结构沉降（mm）	10.5	12.8	15.0
变形速率（mm/d）	2		

第 11 章

明挖车站邻近既有地铁车站

11.1 工程概况

既有地铁车站位于某交叉的十字路口处，为地下双层三跨岛式站台车站，车站采用明挖法施工，跨路口换乘处采用盖挖法施工。车站围护结构采用直径 1000@1400 钻孔灌注桩，桩结构完好，桩顶挡土墙已凿除。标准段侧墙厚 600mm，框架柱 800mm×1000mm，顶板厚 800mm，中板厚 400mm，底板厚 1000mm，已预留换乘条件。

新建某明挖车站与既有地铁车站在该站换乘，与既有地铁车站在站厅层连通，其他两层完全脱开。新建车站为地下岛式车站，有效站台宽度为 14m，有效站台长度为 118m，有效站台中心线处轨顶标高为 175.440m；车站全长 160.0m，车站主体覆土高度 3.3～3.5m。车站采用明挖法施工，车站坡度方向为沿车站纵向，小里程至大里程端坡度为 0.2%。车站分别在西侧设置两个风道和一个出入口，均位于待开发地块内，东侧 2 号出入口位于某住宅楼地块内，东侧 3 号出入口与既有车站出入口合建。车站设置 3 个出入口，1 个安全疏散口，附属结构除过街段均采用明挖法施工。新建车站小里程端接盾构区间，车站端头设盾构接收井，大里程端接暗挖区间。

明挖车站主体基坑长 162.8m，基坑宽度标准段宽 23.1m、盾构井段宽 27.9m，基坑开挖深度 26.30～27.60m，基坑采用坑外降水施工，支护结构采用钻孔灌注桩＋内支撑的形式。

拟建明挖车站与既有地铁车站最近水平距离为 2.4m。新建车站主体及附属结构基坑开挖和坑外降水过程中易对既有车站结构产生一定程度的扰动，可能会引起既有车站基坑及主体结构开裂等风险，该工程施工为Ⅰ级风险。

11.2 地质条件

根据钻探资料及室内土工试验结果，按地层沉积年代、成因类型，将本工程场地勘探范围内的土层划分为人工堆积层（Q_4^{ml}）、第四系中更新统冲洪积层（Q_4^{al+pl}）、白垩纪泥岩层（K）、白垩系砂岩层（K）四大类。并按地层岩性及其物理力学性质，进一步分为 8 个小层。

杂填土①层：杂色，湿，松散，以黏性土为主，含大量建筑垃圾、砖渣、生活垃圾等，局部表层为混凝土地面或沥青路面。该层连续分布，厚度 2.00～4.60m，层底标高 195.26～197.95m。

粉质黏土②$_{A2-1}$层：黄褐色—褐黄色，可塑偏软，摇振无反应，稍光滑，干强度和韧性中等，压缩模量为 4.6MPa，压缩系数为 0.39MPa^{-1}，中等压缩性；本层土厚度 1.80～4.60m，层底标高 191.08～193.20m。

粉质黏土②$_{A2}$层：灰褐色—灰黑色，可塑偏软，摇振无反应，稍光滑，干强度和韧性中等，压缩模量为 5.3MPa，压缩系数为 0.33MPa^{-1}，中等压缩性，有机质含量为 3.0%～8.8%，平均值 4.1%，为无机土；本层土厚度 1.00～3.40m，层底标高 193.83～196.02m。

中粗砂②$_{A7}$层：灰褐色，饱和，中密—密实，矿物成份主要由长石、石英组成，级配一般，标准贯入试验锤击数实测值 16～35 击，平均 27 击/30cm，为中密；本层土厚度 1.80～4.90m，层底标高 187.50～190.31m。

全风化泥岩③$_1$层：为紫红色、棕红色，泥质结构，层状构造，原岩结构基本破坏，有少量残余结构强度，泥岩呈黏土状，硬塑—坚硬状态，遇水易软化、崩解，失水易硬化、干裂，易钻进，泥岩岩芯较完整。标准贯入试验锤击数实测值 32～42 击，平均 35 击/30cm。本层土厚度 1.20～5.00m，层底标高 193.83～196.02m。

强风化泥岩③$_2$层：为紫红色、棕红色，泥质结构，层状构造，原岩结构大部分破坏，风化裂隙发育，泥岩岩芯呈柱状—长柱状，遇水易软化、崩解，失水易硬化、干裂，干钻不易钻进，局部夹粉砂岩，粉砂岩呈块状及短柱状，局部见钙质胶结砂岩，强度较泥岩高，泥岩岩芯较完整，砂岩岩芯较破碎。标准贯入试验锤击数实测值 52～94 击，平均 74 击/30cm，单轴抗压强度（天然）平均值 0.2MPa，为极软岩，岩体破碎，岩体基本质量等级为 V 级，RQD 为 35%～50%。本层土厚度 3.60～8.10m，层底标高 178.17～182.10m。

中风化泥岩③$_3$层：为紫红色、棕红色，泥质结构，层状构造，原岩结构部分破坏，风化裂隙发育，泥岩岩芯呈长柱状，遇水易软化，易崩解，失水易硬化、干裂，钻进难度增大，粉砂岩呈块状及柱状，强度较泥岩高，岩芯呈柱状，较为完整。单轴抗压强度（天然）平均值为 0.8MPa，为极软岩，岩体完整程度为较完整，岩体基本质量等级为 V 级，RQD 为 75%～85%，RQD 为 70%～80%。本次钻探未揭穿该层，本次钻探揭露厚度 3.60～15.00m，层底标高 144.67～171.86m。

中风化砂岩④₃层：棕红色，砂粒结构，局部含钙质胶结，岩芯呈块及柱状，岩块坚硬，矿物成分以石英、长石为主，干钻不易钻进，局部夹泥岩层。单轴抗压强度（天然）平均值为 4.8MPa，为极软岩，RQD 为 70%～80%。本次勘察未揭穿该土层，揭露厚度 7.00～27.00m，层底标高 144.83～159.67m。

本次勘察共布置专门水位测量孔 4 个（XZ7DH-02、XZ7DH-09、XZ7DH-14、XZ7DH-16），由于场地原因，目前仅完成 1 个水位测量孔即 XZ7DH-02，水位埋深 2.70m，标高 197.25.m，观测到 1 层地下水，主要为粉质黏土孔隙潜水（二）：含水层主要为粉质黏土②$_{A2-1}$、中粗砂②$_{A7}$ 层、全风化泥岩③$_1$ 层。本场地地下水主要接受大气降水入渗补给，以蒸发、向下越流方式排泄。低水位期为 4～6 月，高水位期为 9～10 月，静水位年变幅 2.0～3.0m，动水位年变幅达 3.0m 以上。

各土层的主要物理力学参数如表 11.2-1 所示。

土层物理力学参数 表 11.2-1

地层编号	地层名称	天然密度（g/cm³）	静止侧压力系数	黏聚力（kPa）	内摩擦角（°）	承载力特征值（kPa）	水平基床系数（MPa/m）	垂直基床系数（MPa/m）	土体与锚固体极限粘结强度标准值（MPa/m）	渗透系数（m/d）
①	杂填土	1.75	—	5	8	—	—	—	16	—
②$_{A2-1}$	粉质黏土	1.95	0.47	32	18	180	28	28	45	0.5
②$_{A2}$	粉质黏土	1.93	0.52	32	17	160	25	24	40	0.5
②$_{A7}$	中粗砂	2.1	0.35	0	32	260	35	30	90	34
③$_1$	全风化泥岩	2.02	0.34	35	20	290	43	35	80	0.5
③$_2$	强风化泥岩	2.11	0.32	60	25	450	160	135	150	0.4
③$_3$	中风化泥岩	2.14	0.28	120	35	600	220	200	160	0.3
④$_3$	中风化砂岩	2.22	0.26	120	38	900	230	200	260	0.35

11.3 计算模型

本次评估计算采用基于有限元软件 midas GTS NX，建立三维地层-结构模型进行计算。计算模型长度为 350m，宽度为 250m，深度为 45m，计算模型如图 11.3-1 所示。

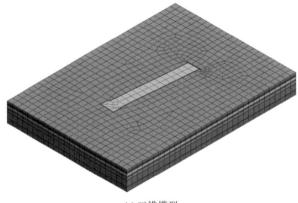

(a) 三维模型

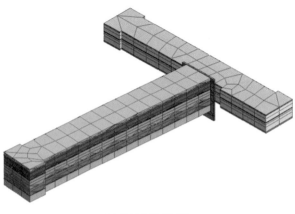

(b) 相对位置关系图

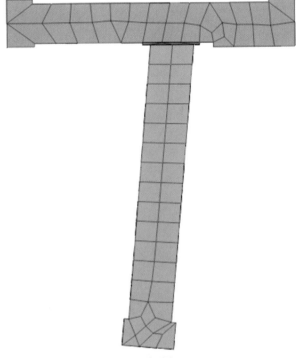

(c) 平面图

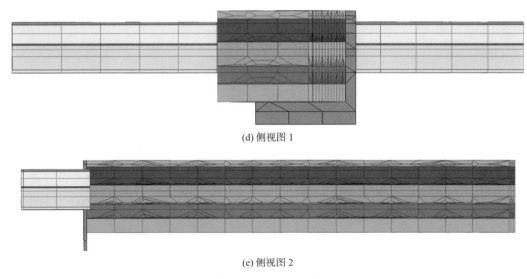

(d) 侧视图 1

(e) 侧视图 2

图 11.3-1　计算模型

11.4　计算工序

依据设计图纸，本次计算共 12 个工序，其中主要工序为 5 个工序，具体施工顺序如图 11.4-1 所示。

（1）工序 1：降水变形分析；

（2）工序 2：基坑第一层开挖及支护；

（3）工序 3：基坑第二层开挖及支护；

（4）工序 4：基坑第三层开挖及支护；

（5）工序 5：基坑第四层开挖及支护。

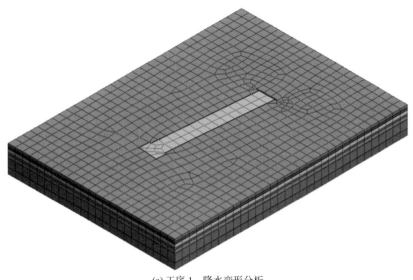

(a) 工序 1：降水变形分析

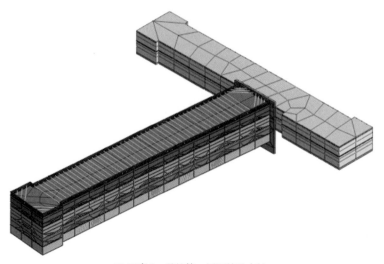

(b) 工序 2：基坑第一层开挖及支护

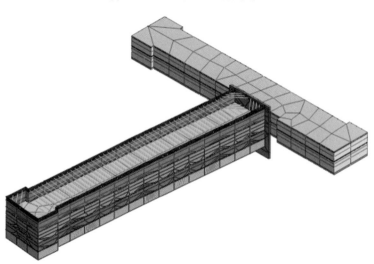

(c) 工序 3：基坑第二层开挖及支护

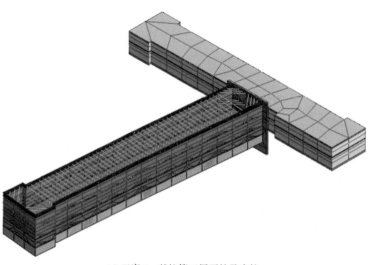

(d) 工序 4：基坑第三层开挖及支护

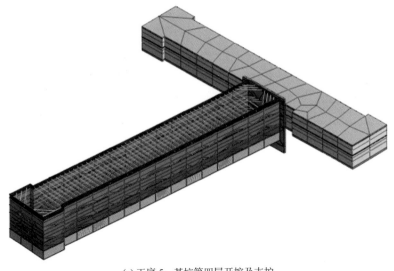

(e) 工序 5：基坑第四层开挖及支护

图 11.4-1　计算工序

11.5　沉降及差异沉降

计算结果显示：随着降水和基坑的开挖，既有地铁车站结构沉降先增大后逐渐平稳趋势，综合考虑降水和开挖的影响，既有地铁车站结构沉降最大值约为 8.20mm，最大差异沉降率约为 0.16‰。各个工序下累积最大沉降及最大差异沉降率如表 11.5-1 所示，沉降云图如图 11.5-1 所示。

各个工序下累积最大沉降及最大差异沉降率（−表示沉降，+表示上抬）　表 11.5-1

工序	累计最大值（mm）	最大差异沉降率（‰）
1	−3.31	0.07
2	−4.54	0.09
3	−6.35	0.12
4	−8.17	0.15
5	−8.20	0.16

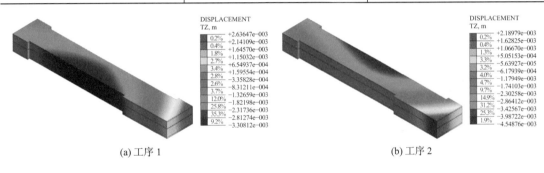

(a) 工序 1　　　　　　　　　　　　　　　　(b) 工序 2

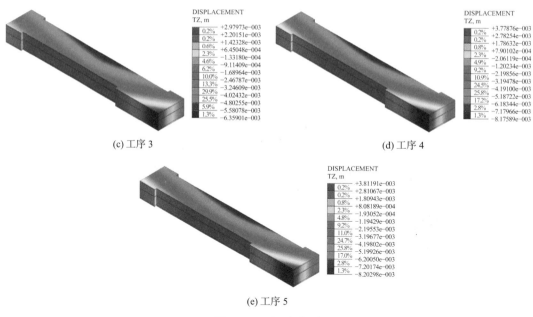

(c) 工序 3 (d) 工序 4

(e) 工序 5

图 11.5-1　沉降变形

11.6　水平位移

计算结果显示：随着降水和基坑的开挖，既有结构产生了一定的水平位移，综合考虑降水和开挖的影响，既有结构东西方向最大水平位移约为 0.73mm，南北方向最大水平位移约为 1.15mm。各个工序下东西向及南北向累积最大位移如表 11.6-1 所示，水平位移云图如图 11.6-1、图 11.6-2 所示。

既有结构水平位移统计表（向西为−，向东为＋）（向南为−，向北为＋）　表 11.6-1

工序	东西方向累计最大值（mm）	南北方向累计最大值（mm）
1	−0.88	−1.02
2	−0.45	−1.03
3	−0.59	−1.06
4	−0.72	−1.15
5	−0.73	−1.15

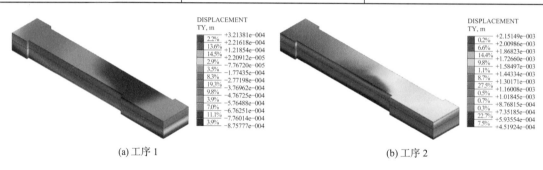

(a) 工序 1 (b) 工序 2

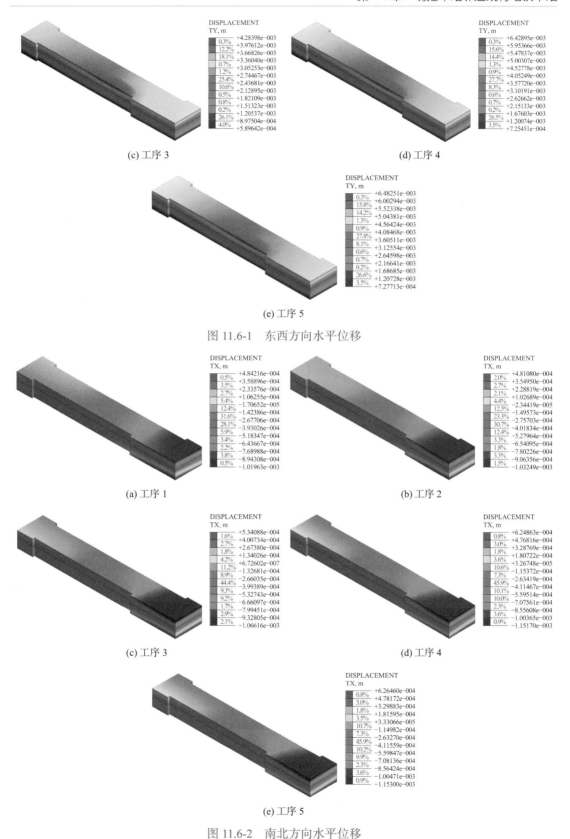

(c) 工序 3

(d) 工序 4

(e) 工序 5

图 11.6-1　东西方向水平位移

(a) 工序 1

(b) 工序 2

(c) 工序 3

(d) 工序 4

(e) 工序 5

图 11.6-2　南北方向水平位移

11.7　评估结论

通过建立三维地层-结构模型进行施工模拟计算，并综合拟建结构施工对既有结构的专项设计和加固等相应措施，在充分研究现有资料和技术措施的前提下，得出如下结论：

（1）随着降水和基坑的开挖，既有地铁车站结构沉降出现先增大后逐渐平稳趋势，综合考虑降水和开挖的影响，既有地铁车站结构沉降最大值约为8.20mm，最大差异沉降率约为0.16‰。

（2）随着降水和基坑的开挖，既有结构产生了一定的水平位移，综合考虑降水和开挖的影响，既有结构东西方向最大水平位移约为0.73mm，南北方向最大水平位移约为1.15mm。

（3）依据相关设计和规范，考虑拟建结构施工对既有地铁车站结构发生变形的影响，结构极限承载能力满足规范要求。

（4）根据最不利原则，参考数值模拟计算结果、国内类似工程经验，对既有地铁车站结构推荐如表11.7-1所示控制指标值。

既有地铁车站结构变形推荐控制指标　　　　　　　　　　表11.7-1

项目	预警值（70%）	报警值（85%）	控制值
车站结构差异沉降率（‰）	0.70	0.85	1.00
车站结构沉降（mm）	7.0	8.5	10.0
轨道横向高差（mm）	2.5	3.5	4.0
变形速率（mm/d）	1		

第 12 章

明挖车站邻近既有七层底框结构房屋

12.1　工程概况

本车站为地下岛式车站，有效站台宽度为 11m，有效站台长度为 118m，有效站台中心线处轨顶标高为 185.109m；车站全长 215.3m，车站主体覆土高度 3.2～3.5m。车站主体标准段宽度 19.7m，盾构段宽度 24.5m，车站坡度方向为沿车站纵向，公平路站小里程 YK39＋263.666km 至大里程端 YK39＋478.966km，坡度为 0.2%。车站分别在南北两端设置两个风道，南侧风道位于东南象限的地块内，北侧风道位于东北象限的地块内，车站设置 3 个出入口，两个安全疏散口，附属结构 3，4 号采用明挖法施工，1A 出入口在过街段暗挖，其余段明挖。本站两端接盾构区间，车站端头设盾构井，大、小里程端均为始发井。

明挖车站邻近既有七层底框结构房屋建于 2003 年，结构类型为底框结构房屋，房屋总层数为地上 7 层，建筑面积为 10431.7m²，结构总长度为 72.9m、总宽度为 41.4m、高度为 21.7m。既有房屋建筑外观如图 12.1-1 所示。

图 12.1-1　既有结构建筑外观图

拟建明挖车站主体基坑与既有七层底框结构房屋风险源最近水平距离为 16.6m，拟建明挖车站 1B 出入口与既有七层底框结构房屋风险源最近水平距离为 9.6m，拟建明挖车站主体基坑与既有七层底框结构房屋风险源最近水平距离为 16.6m。明挖车站基坑开挖和坑外降水过程中易对既有七层底框结构房屋结构产生一定程度的扰动，可能会引起既有七层底框结构房屋基础不均匀沉降、结构开裂等风险，该工程风险等级为Ⅱ级。

12.2 地质条件

根据钻探资料及室内土工试验结果，按地层沉积年代、成因类型，将本工程场地勘探范围内的土层划分为人工堆积填土层（Q_4^{ml}）、第四系中更新统冲洪积层（Q_4^{al+pl}）、白垩系泥岩层（K）三大类。并按地层岩性及其物理力学性质进一步分为 7 个亚层，各土层概述如下：

（1）人工堆积填土层（Q_4^{ml}）

杂填土①层：杂色，湿，松散，以黏性土为主，含大量建筑垃圾、砖渣、生活垃圾等，局部表层为混凝土地面或沥青路面。本层土厚度 2.00～3.00m，层底标高 196.98～198.04m。

（2）第四系中更新统冲洪积层（Q_4^{al+pl}）

粉质黏土②$_{A2-1}$层：黄褐—褐黄色，可塑偏软，摇振无反应，稍光滑，干强度和韧性中等，含少量有机质，含锰铁氧化物，压缩模量为 3.5MPa，压缩系数为 0.57MPa^{-1}，中等压缩性；本层土厚度 1.20～6.60m，层底标高 189.38～193.12m。

粉质黏土②$_{A2}$层：灰褐色—灰黑色，可塑偏软，摇振无反应，稍光滑，干强度和韧性中等，压缩模量为 5.0MPa，压缩系数为 0.37MPa^{-1}，有机质含量为 2.6～11.2%，均值为 4.8%，中等压缩性；本层土厚度 2.00～4.00m，层底标高 194.04～195.51m。

中粗砂②$_{A7}$层：灰黄色—灰黑色，饱和，中密—密实，矿物成分主要由长石石英组成，级配一般，标准贯入试验锤击数实测值 16～32 击，平均 24 击/30cm，为中密；本层土厚度 1.50～3.60m，层底标高 188.39～190.57m。

（3）白垩系泥岩层（K）

全风化泥岩③$_1$层：紫红色、棕红色，泥质结构，层状构造，原岩结构基本破坏，有少量残余结构强度，泥岩呈黏土状，硬塑—坚硬状态，遇水易软化、崩解，失水易硬化、干裂，易钻进，泥岩岩芯较完整。标准贯入试验锤击数实测值 30～48 击，平均 39 击/30cm。本层土厚度 2.10～4.40m，层底标高 184.96～187.48m。

强风化泥岩③$_2$层：紫红色、棕红色，泥质结构，层状构造，原岩结构大部分破坏，风化裂隙发育，泥岩岩芯呈柱状—长柱状，遇水易软化、崩解，失水易硬化、干裂，干钻不易钻进，局部夹粉砂岩，粉砂岩呈块状及短柱状，局部见钙质胶结砂岩，强度较泥岩高，泥岩岩芯较完整，砂岩岩芯较破碎。标准贯入试验锤击数实测值 52～94 击，平均 69 击/30cm，单轴抗压强度（天然）平均值为 0.2MPa，为极软岩。本层土厚度 3.00～8.30m，层底标高 178.04～182.18m。

中风化泥岩③₃层：紫红色、棕红色，泥质结构，层状构造，原岩结构部分破坏，风化裂隙发育，泥岩岩芯呈长柱状，遇水易软化、易崩解、失水易硬化、干裂，钻进难度增大，粉砂岩呈块状及柱状，强度较泥岩高，岩芯呈柱状，较为完整。单轴抗压强度（天然）平均值为 1.7MPa，为极软岩。本次钻探未揭穿该层，本次钻探揭露厚度 15.0～28.00m，层底标高 154.16～165.20m。

土层物理力学参数如表 12.2-1 所示。

本次勘察共布置专门水位测量孔 4 个（XZ7GP-01、XZ7GP-08、XZ7GP-13、XZ7GP-16），水位埋深 2.00～2.40m，标高 197.23～198.26.m，位于车站主体结构底板之上，整体埋藏较浅，根据该地下水的埋藏条件，地下水位高于强透水层层顶，各类含水介质表现为松散孔隙分布特征，各层含水介质无相对隔水层，水力联系密切，整体呈现潜水（二）性质，可按照一层地下水考虑。其中，中粗砂层透水性强，相对于其他含水介质，属于强透水层。

上述地下水均位于基坑开挖面以上，对基坑开挖有直接影响，基坑开挖时边坡易失稳、垮塌，施工时须采取地下水控制措施，可以采用管井降水、止水帷幕＋坑内降水或地下连续墙等措施，保证干槽作业。检察院、清华苑离基坑较近，降水时可能引起地面沉降，应加强检测，防止出现已有建筑物倾斜、沉降。基坑范围内主要天然气、煤气、雨水、输配水等管线，降水可能导致地面沉降，引起管线破坏。设计可根据工程地质条件及周边环境条件采用合适的地下水控制措施。

本次勘察虽未发现上层滞水，但受季节变化、管线渗漏、绿化灌溉等因素影响，局部可能会存在上层滞水，如施工时遇到该层水，需查明水的来源，可明排疏干。

土层物理力学参数　　　　　　　　　　　　表 12.2-1

地层编号	地层名称	天然密度（g/cm³）	静止侧压力系数	黏聚力（kPa）	内摩擦角（°）	承载力特征值（kPa）	水平基床系数（MPa/m）	垂直基床系数（MPa/m）	单轴抗压强度（MPa）	土体与锚固体极限粘结强度标准值（kPa）	渗透系数（m/d）	侧阻力特征值（kPa）	端阻力特征值（kPa）
①	杂填土	1.75	—	5	8	—	—	—	—	16	—	—	—
②A2-1	粉质黏土	1.87	0.47	26	12	180		28		45	0.50	28	—
②A2	粉质黏土	1.90	0.50	26	12	160	22	25		40	0.50	25	—
②A7	中粗砂	2.10	0.35	0	31	260	30	35	—	90	34.0	34	—
③₁	全风化泥岩	2.04	0.34	33	21	290	35	43		80	0.50	35	700
③₂	强风化泥岩	2.11	0.30	60	25	450	135	160	0.20	150	0.40	58	900
③₃	中风化泥岩	2.19	0.28	120	35	600	200	220	1.70	160	0.30	78	1200

12.3 计算模型

本次评估计算采用基于有限元软件 midas GTS NX，建立三维地层-结构模型进行计算。计算模型长度为 330m，宽度为 200m，深度为 50m，计算模型如图 12.3-1 所示。

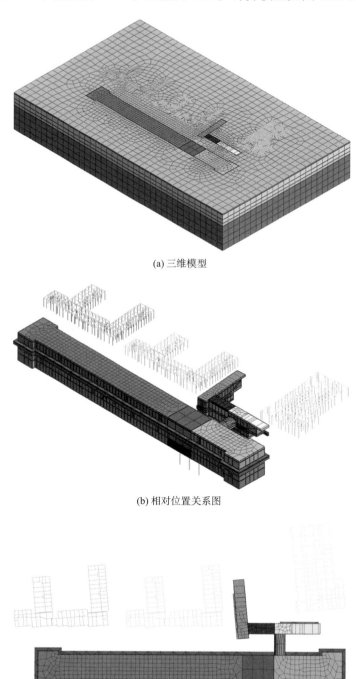

(a) 三维模型

(b) 相对位置关系图

(c) 平面图

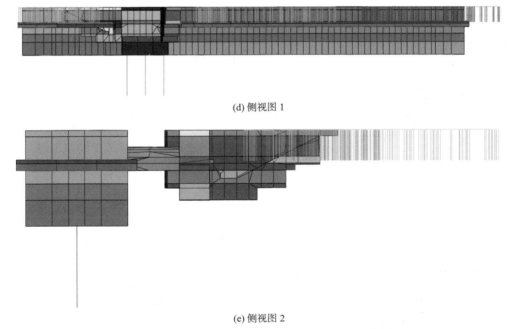

(d) 侧视图 1

(e) 侧视图 2

图 12.3-1　计算模型

12.4　计算工序

依据设计图纸，本次计分为 12 个主要工序，具体施工顺序如图 12.4-1 所示。

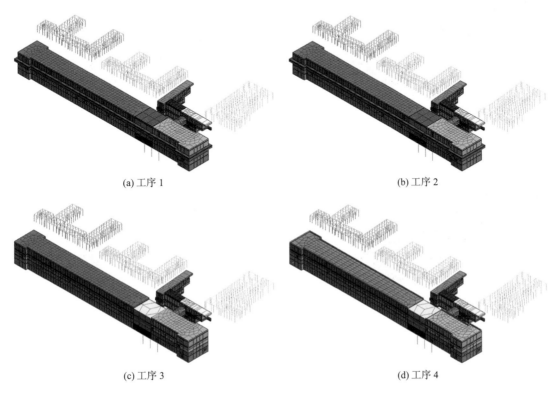

(a) 工序 1

(b) 工序 2

(c) 工序 3

(d) 工序 4

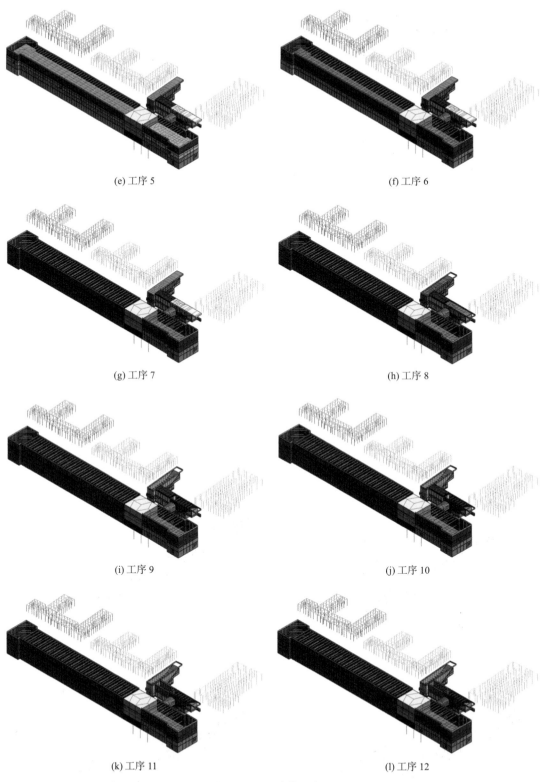

(e) 工序 5

(f) 工序 6

(g) 工序 7

(h) 工序 8

(i) 工序 9

(j) 工序 10

(k) 工序 11

(l) 工序 12

图 12.4-1　计算工序

（1）工序 1：施作钻孔灌注桩、盖挖部分桩基础、钢管柱；

（2）工序 2：布置降水井，并进行降水；

（3）工序 3：开挖车站主体基坑盖挖部分；

（4）工序 4：开挖车站主体基坑明挖部分，施作冠梁，开挖至第一道支撑以下 0.5m，施作第一道钢支撑；

（5）工序 5：开挖车站主体基坑明挖部分至第二道支撑以下 0.5m，施作第二道钢支撑；

（6）工序 6：开挖车站主体基坑明挖部分至第三道支撑以下 0.5m，施作第三道钢支撑；

（7）工序 7：开挖车站主体基坑明挖部分至坑底设计标高；

（8）工序 8：开挖车站 1A 出入口和 1B 出入口基坑，施作围护桩及桩顶冠梁及第一道钢支撑；

（9）工序 9：开挖车站 1A 出入口和 1B 出入口基坑并施作第二道钢支撑；

（10）工序 10：开挖车站 1A 出入口和 1B 出入口至基坑底设计标高；

（11）工序 11：开挖车站 1A 出入口和 1B 出入口之间明挖段；

（12）工序 12：开挖车站 1A 出入口和车站主体基坑之间的暗挖段。

12.5　沉降及差异沉降

计算结果显示：打桩完成后，既有七层底框结构房屋结构沉降最大值约为 0.05mm，最大差异沉降率约为 0.02‰。随着基坑的开挖，既有七层底框结构房屋结构沉降先增大后逐渐平稳趋势，综合考虑降水和开挖的影响，既有七层底框结构房屋结构沉降最大值约为 9.98mm，最大差异沉降率约为 0.93‰。各个工序下累积最大沉降及最大差异沉降率如表 12.5-1 所示，沉降云图如图 12.5-1 所示。

各个工序下累积最大沉降及最大差异沉降率（−表示沉降，+表示上抬）　表 12.5-1

工序	累计最大值（mm）	最大差异沉降率（‰）
1	0.05	0.02
2	1.71	0.16
3	2.23	0.21
4	3.29	0.31
5	4.32	0.40
6	5.21	0.49
7	6.89	0.64
8	7.71	0.72
9	8.72	0.82

工序	累计最大值（mm）	最大差异沉降率（‰）
10	9.63	0.90
11	9.82	0.92
12	9.98	0.93

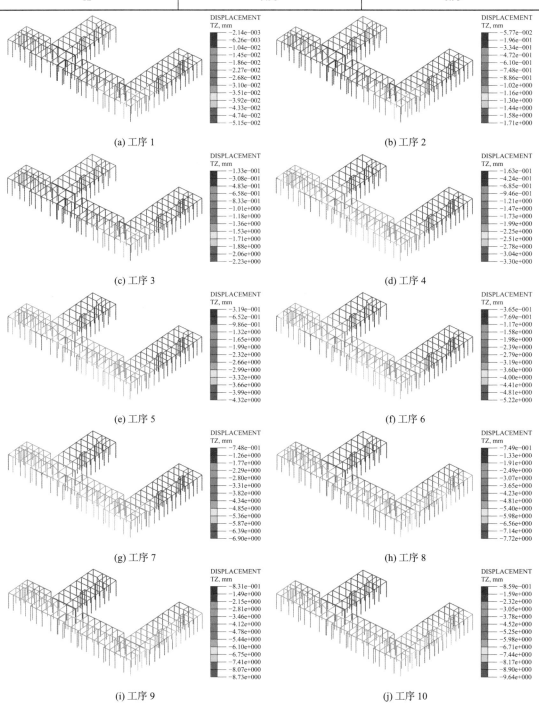

(a) 工序 1　　　　　　　　　　　　(b) 工序 2

(c) 工序 3　　　　　　　　　　　　(d) 工序 4

(e) 工序 5　　　　　　　　　　　　(f) 工序 6

(g) 工序 7　　　　　　　　　　　　(h) 工序 8

(i) 工序 9　　　　　　　　　　　　(j) 工序 10

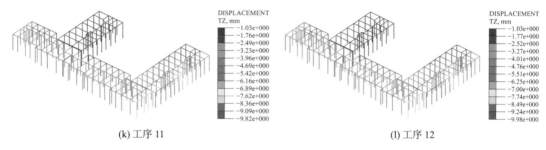

(k) 工序 11　　　　　　　　　　　　　　(l) 工序 12

图 12.5-1　沉降变形

12.6　水平位移

计算结果显示：打桩完成后，既有结构东西方向最大水平位移约为 0.02mm，南北方向最大水平位移约为 0.01mm。随着基坑的开挖，既有结构产生了一定的水平位移，综合考虑降水和开挖的影响，既有结构东西方向最大水平位移约为 2.33mm，南北方向最大水平位移约为 4.34mm。各个工序下东西向及南北向累积最大位移如表 12.6-1 所示，典型工序水平位移云图如图 12.6-1、图 12.6-2 所示。

既有结构水平位移统计表（向西为—，向东为＋）（向南为—，向北为＋）　表 12.6-1

工序	东西方向累计最大值（mm）	南北方向累计最大值（mm）
1	0.02	0.01
2	0.07	0.21
3	0.15	0.46
4	0.23	0.59
5	0.36	0.86
6	0.47	1.29
7	0.60	1.55
8	0.93	2.41
9	1.26	3.01
10	1.48	3.65
11	1.82	4.28
12	2.33	4.34

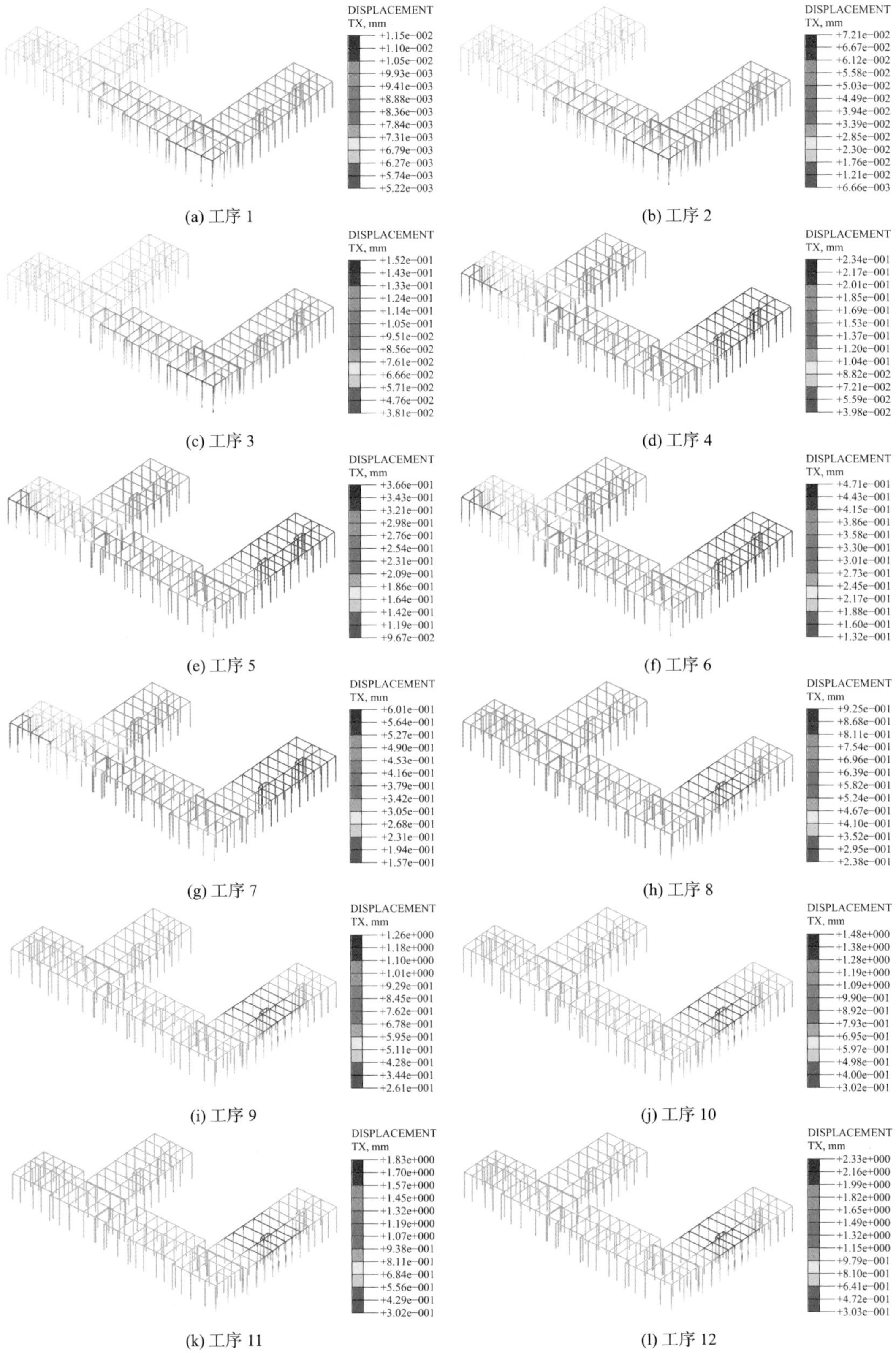

(a) 工序 1

(b) 工序 2

(c) 工序 3

(d) 工序 4

(e) 工序 5

(f) 工序 6

(g) 工序 7

(h) 工序 8

(i) 工序 9

(j) 工序 10

(k) 工序 11

(l) 工序 12

图 12.6-1　东西方向水平位移

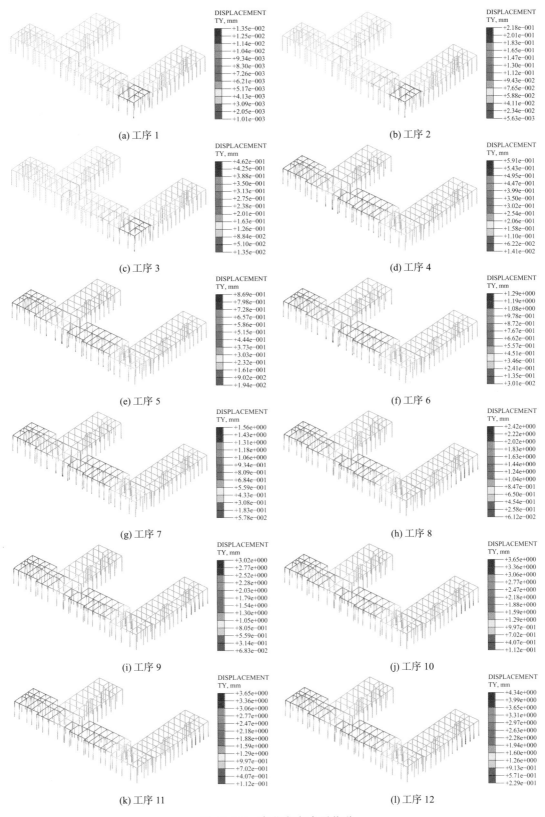

(a) 工序 1　　　　　　　　　　　　　(b) 工序 2

(c) 工序 3　　　　　　　　　　　　　(d) 工序 4

(e) 工序 5　　　　　　　　　　　　　(f) 工序 6

(g) 工序 7　　　　　　　　　　　　　(h) 工序 8

(i) 工序 9　　　　　　　　　　　　　(j) 工序 10

(k) 工序 11　　　　　　　　　　　　(l) 工序 12

图 12.6-2　南北方向水平位移

12.7 评估结论

通过建立三维地层-结构模型进行施工模拟计算，并综合拟建结构施工对既有结构的专项设计和加固等相应措施，在充分研究现有资料和技术措施的前提下，得出如下结论：

（1）打桩完成后，既有七层底框结构房屋结构沉降最大值约为 0.05mm，最大差异沉降率约为 0.02‰。随着基坑的开挖，既有七层底框结构房屋结构沉降出现先增大后逐渐平稳趋势，综合考虑降水和开挖的影响，既有七层底框结构房屋结构沉降最大值约为 9.98mm，最大差异沉降率约为 0.93‰。

（2）打桩完成后，既有结构东西方向最大水平位移约为 0.02mm，南北方向最大水平位移约为 0.01mm。随着基坑的开挖，既有结构产生了一定的水平位移，综合考虑降水和开挖的影响，既有结构东西方向最大水平位移约为 2.33mm，南北方向最大水平位移约为 4.34mm。

（3）依据相关设计和规范，考虑拟建结构施工对既有七层底框结构房屋结构发生变形的影响，结构极限承载能力满足规范要求。

（4）根据最不利原则，参考数值模拟计算结果、国内类似工程经验，对既有七层底框结构房屋结构推荐如表 12.7-1 所示控制指标值。

既有七层底框结构房屋结构变形推荐控制指标 表 12.7-1

项目	预警值（70%）	报警值（85%）	控制值
结构差异沉降率（‰）	0.70	0.85	1.00
结构沉降（mm）	10.5	12.8	15.0
变形速率（mm/d）	2		

第 13 章

明挖车站邻近既有七层框架结构房屋

13.1 工程概况

本车站为地下岛式车站，有效站台宽度为 11m，有效站台长度为 118m，有效站台中心线处轨顶标高为 185.109m；车站全长 215.3m，车站主体覆土高度 3.2~3.5m。车站主体标准段宽度 19.7m，盾构段宽度 24.5m，车站坡度方向为沿车站纵向，公平路站小里程 YK39＋263.666km 至大里程端 YK39＋478.966km，坡度为 0.2%。车站分别在南北两端设置两个风道，南侧风道位于东南象限的地块内，北侧风道位于东北象限的地块内，车站设置 3 个出入口，两个安全疏散口，附属结构 3，4 号采用明挖法施工，1A 出入口在过街段暗挖，其余段明挖。本站两端接盾构区间，车站端头设盾构井，大、小里程端均为始发井。明挖车站主体基坑长 215.5m，基坑宽度标准段宽 19.9m、盾构井段宽 24.7m，基坑开挖深度 16.86~19.37m，基坑采用坑外降水施工，支护结构采用钻孔灌注桩＋内支撑、钻孔灌注桩＋盖挖逆的型式。

明挖车站邻近既有房屋建于 2005 年，结构类型为地上 7 层框架结构，建筑面积为 8965.94m²，结构总长度为 60.3m，总宽度为 34.7m，高度为 24.1m。既有结构建筑外观如图 13.1-1 所示。

图 13.1-1　既有结构建筑外观图

拟建明挖车站主体基坑与既有七层框架结构房屋风险源最近水平距离为 16.6m，拟建明挖车站 1A 出入口与既有七层框架结构房屋风险源最近水平距离为 9.1m。明挖车站基坑开挖和坑外降水过程中易对既有七层框架结构房屋结构产生一定程度的扰动，可能会引起既有七层框架结构房屋基础不均匀沉降、结构开裂等风险，该工程风险等级为 II 级。

13.2 地质条件

本次勘察揭露地层最大深度为 46.0m，根据钻探资料及室内土工试验结果，按地层沉积年代、成因类型，将本工程场地勘探范围内的土层划分为人工堆积填土层（Q_4^{ml}）、第四系中更新统冲洪积层（Q_4^{al+pl}）、白垩系泥岩层（K）三大类。并按地层岩性及其物理力学性质进一步分为 7 个亚层，各土层概述如下：

（1）人工堆积填土层（Q_4^{ml}）

杂填土①层：杂色，湿，松散，以黏性土为主，含大量建筑垃圾、砖渣、生活垃圾等，局部表层为混凝土地面或沥青路面。本层土厚度 2.00～3.00m，层底标高 196.98～198.04m。

（2）第四系中更新统冲洪积层（Q_4^{al+pl}）

粉质黏土②$_{A2-1}$层：黄褐—褐黄色，可塑偏软，摇振无反应，稍光滑，干强度和韧性中等，含少量有机质，含锰铁氧化物，压缩模量为 3.5MPa，压缩系数为 0.57MPa^{-1}，中等压缩性；本层土厚度 1.20～6.60m，层底标高 189.38～193.12m。

粉质黏土②$_{A2}$层：灰褐色—灰黑色，可塑偏软，摇振无反应，稍光滑，干强度和韧性中等，压缩模量为 5.0MPa，压缩系数为 0.37MPa^{-1}，有机质含量为 2.6%～11.2%，均值为 4.8%，中等压缩性；本层土厚度 2.00～4.00m，层底标高 194.04～195.51m。

中粗砂②$_{A7}$层：灰黄色—灰黑色，饱和，中密—密实，矿物成分主要由长石石英组成，级配一般，标准贯入试验锤击数实测值 16～32 击，平均 24 击/30cm，为中密；本层土厚度 1.50～3.60m，层底标高 188.39～190.57m。

（3）白垩系泥岩层（K）

全风化泥岩③$_1$层：紫红色、棕红色，泥质结构，层状构造，原岩结构基本破坏，有少量残余结构强度，泥岩呈黏土状，硬塑—坚硬状态，遇水易软化、崩解，失水易硬化、干裂，易钻进，泥岩岩芯较完整。标准贯入试验锤击数实测值 30～48 击，平均 39 击/30cm。本层土厚度 2.10～4.40m，层底标高 184.96～187.48m。

强风化泥岩③$_2$层：紫红色、棕红色，泥质结构，层状构造，原岩结构大部分破坏，风化裂隙发育，泥岩岩芯呈柱状—长柱状，遇水易软化、崩解，失水易硬化、干裂，干钻不易钻进，局部夹粉砂岩，粉砂岩呈块状及短柱状，局部见钙质胶结砂岩，强度较泥岩高，泥岩岩芯较完整，砂岩岩芯较破碎。标准贯入试验锤击数实测值 52～94 击，平均 69 击/30cm，单轴抗压强度（天然）平均值为 0.2MPa，为极软岩。本层土厚度 3.00～8.30m，层底标高

178.04～182.18m。

中风化泥岩③₃层：紫红色、棕红色，泥质结构，层状构造，原岩结构部分破坏，风化裂隙发育，泥岩岩芯呈长柱状，遇水易软化，易崩解，失水易硬化、干裂，钻进难度增大，粉砂岩呈块状及柱状，强度较泥岩高，岩芯呈柱状，较为完整。单轴抗压强度（天然）平均值为 1.7MPa，为极软岩。本次钻探未揭穿该层，本次钻探揭露厚度 15.0～28.00m，层底标高 154.16～165.20m。

土层物理力学参数如表 13.2-1 所示。

本次勘察共布置专门水位测量孔 4 个（XZ7GP-01、XZ7GP-08、XZ7GP-13、XZ7GP-16），水位埋深 2.00～2.40m，标高 197.23～198.26.m，位于车站主体结构底板之上，整体埋藏较浅，根据该地下水的埋藏条件，地下水位高于强透水层层顶，各类含水介质表现为松散孔隙分布特征，各层含水介质无相对隔水层，水力联系密切，整体呈现潜水（二）性质，可按照一层地下水考虑。其中中粗砂层透水性强，相对于其他含水介质，属于强透水层。

上述地下水均位于基坑开挖面以上，对基坑开挖有直接影响，基坑开挖时边坡易失稳、垮塌，施工时须采取地下水控制措施，可以采用管井降水、止水帷幕＋坑内降水或地下连续墙等措施，保证干槽作业。检察院、清华苑离基坑较近，降水时可能引起地面沉降，应加强检测，防止出现已有建筑物倾斜、沉降。基坑范围内主要天然气、煤气、雨水、输配水等管线，降水可能导致地面沉降，引起管线破坏。设计可根据工程地质条件及周边环境条件采用合适的地下水控制措施。

本次勘察虽未发现上层滞水，但受季节变化、管线渗漏、绿化灌溉等因素影响，局部可能会存在上层滞水。如施工时遇到该层水，须查明水的来源，可明排疏干。

土层物理力学参数

表 13.2-1

地层编号	地层名称	天然密度（g/cm³）	静止侧压力系数	黏聚力（kPa）	内摩擦角（°）	承载力特征值（kPa）	水平基床系数（MPa/m）	垂直基床系数（MPa/m）	单轴抗压强度（MPa）	土体与锚固体极限粘结强度标准值（kPa）	渗透系数（m/d）	侧阻力特征值（kPa）	端阻力特征值（kPa）
①	杂填土	1.75	—	5	8	—	—	—	—	16	—	—	—
②A2-1	粉质黏土	1.87	0.47	26	12	180	—	28	—	45	0.50	28	—
②A2	粉质黏土	1.90	0.50	26	12	160	22	25	—	40	0.50	25	—
②A7	中粗砂	2.10	0.35	0	31	260	30	35	—	90	34.0	34	—
③1	全风化泥岩	2.04	0.34	33	21	290	35	43	—	80	0.50	35	700

地层编号	地层名称	天然密度（g/cm³）	静止侧压力系数	黏聚力（kPa）	内摩擦角（°）	承载力特征值（kPa）	水平基床系数（MPa/m）	垂直基床系数（MPa/m）	单轴抗压强度（MPa）	土体与锚固体极限粘结强度标准值（kPa）	渗透系数（m/d）	侧阻力特征值（kPa）	端阻力特征值（kPa）
③₂	强风化泥岩	2.11	0.30	60	25	450	135	160	0.20	150	0.40	58	900
③₃	中风化泥岩	2.19	0.28	120	35	600	200	220	1.70	160	0.30	78	1200

13.3 计算模型

本次评估计算采用基于有限元软件 midas GTS NX，建立三维地层-结构模型进行计算。计算模型长度为 330m，宽度为 200m，深度为 50m，计算模型如图 13.3-1 所示。

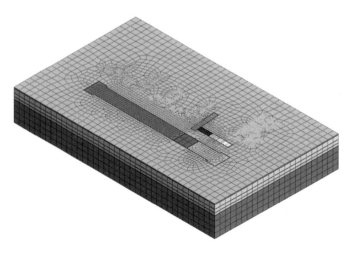

(a) 三维模型

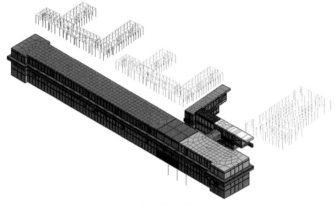

(b) 相对位置关系图

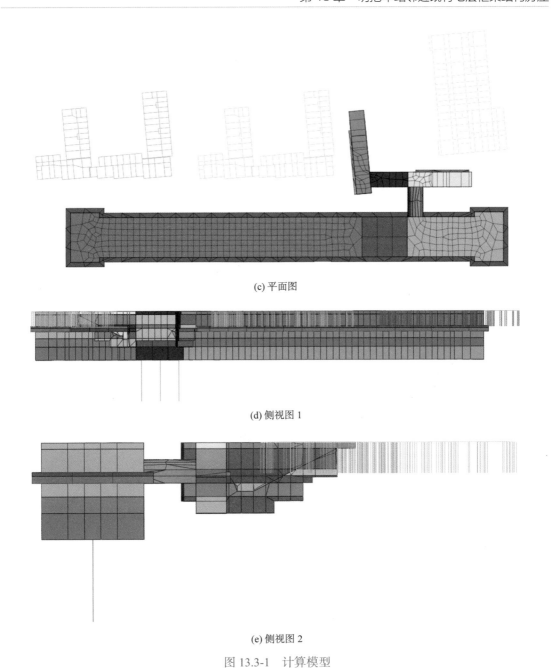

(c) 平面图

(d) 侧视图 1

(e) 侧视图 2

图 13.3-1　计算模型

13.4　计算工序

依据设计图纸，本次计分为 12 个主要工序，具体施工顺序如图 13.4-1 所示。

（1）工序 1：施作钻孔灌注桩、盖挖部分桩基础、钢管柱；

（2）工序 2：布置降水井，并进行降水；

（3）工序 3：开挖车站主体基坑盖挖部分；

（4）工序 4：开挖车站主体基坑明挖部分,施作冠梁,开挖至第一道支撑以（5）下 0.5m,施作第一道钢支撑；

（5）工序 5：开挖车站主体基坑明挖部分至第二道支撑以下 0.5m,施作第二道钢支撑；

（6）工序 6：开挖车站主体基坑明挖部分至第三道支撑以下 0.5m,施作第三道钢支撑；

（7）工序 7：开挖车站主体基坑明挖部分至坑底设计标高；

（8）工序 8：开挖车站 1A 出入口和 1B 出入口基坑,施作围护桩及桩顶冠梁及第一道钢支撑；

（9）工序 9：开挖车站 1A 出入口和 1B 出入口基坑并施作第二道钢支撑；

（10）工序 10：开挖车站 1A 出入口和 1B 出入口至基坑底设计标高；

（11）工序 11：开挖车站 1A 出入口和 1B 出入口之间明挖段；

（12）工序 12：开挖车站 1A 出入口和车站主体基坑之间的暗挖段。

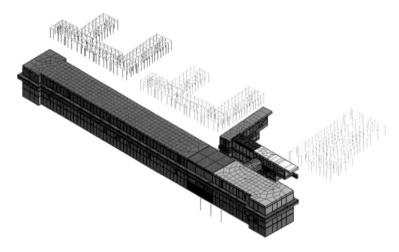

(a) 工序 1

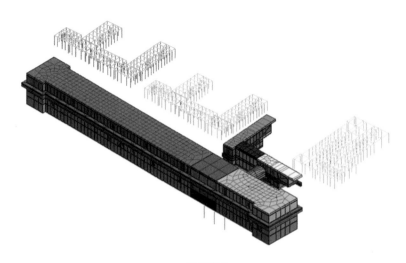

(b) 工序 2

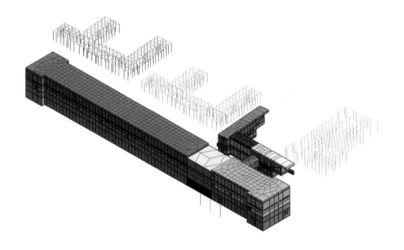

(c) 工序 3

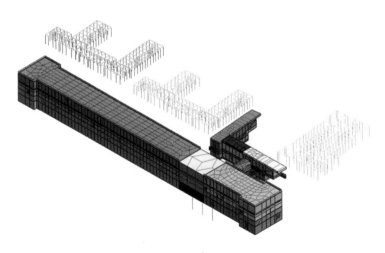

(d) 工序 4

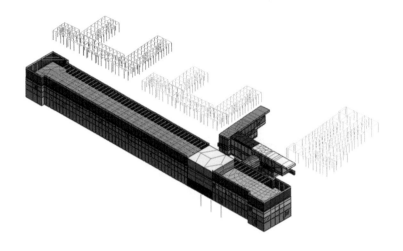

(e) 工序 5

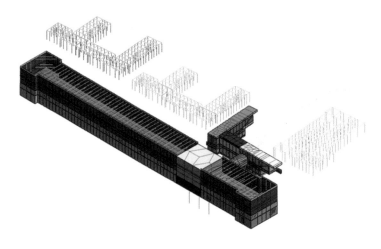

(f) 工序 6

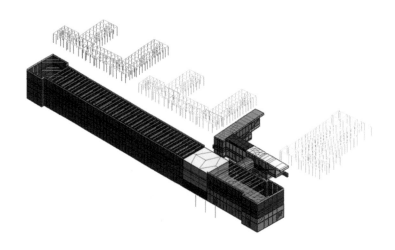

(g) 工序 7

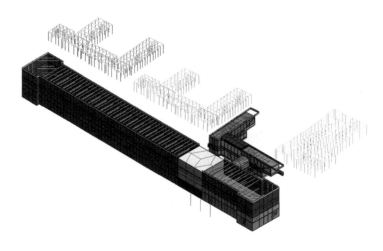

(h) 工序 8

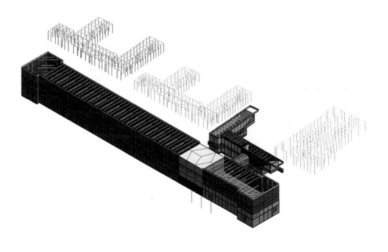

(i) 工序 9

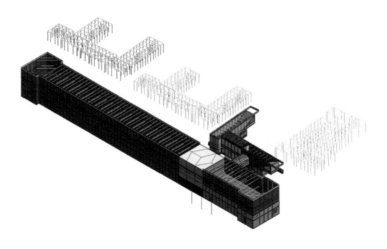

(j) 工序 10

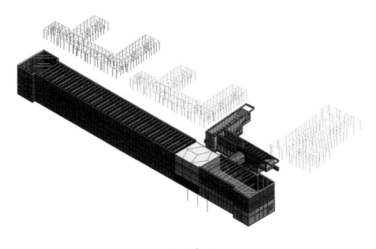

(k) 工序 11

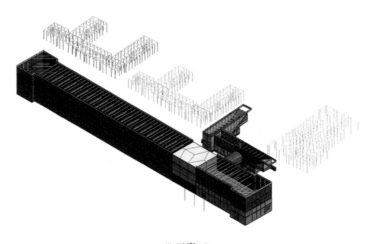

(l) 工序 12

图 13.4-1　计算工序

13.5　沉降及差异沉降

计算结果显示：打桩完成后，既有七层框架结构房屋结构沉降最大值约为 0.04mm，最大差异沉降率约为 0.02‰。随着基坑的开挖，既有七层框架结构房屋结构沉降先增大后逐渐平稳趋势，综合考虑降水和开挖的影响，既有七层框架结构房屋结构沉降最大值约为 6.86mm，最大差异沉降率约为 0.69‰。各个工序下累积最大沉降及最大差异沉降率如表 13.5-1 所示，沉降云图如图 13.5-1 所示。

各个工序下累积最大沉降及最大差异沉降率（−表示沉降，+表示上抬）　表 13.5-1

工序	累计最大值（mm）	最大差异沉降率（‰）
1	0.04	0.02
2	1.63	0.15
3	2.12	0.20
4	2.16	0.20
5	2.34	0.22
6	2.83	0.26
7	2.36	0.22
8	3.42	0.32
9	4.29	0.40

续表

工序	累计最大值（mm）	最大差异沉降率（‰）
10	5.37	0.50
11	6.55	0.61
12	6.86	0.69

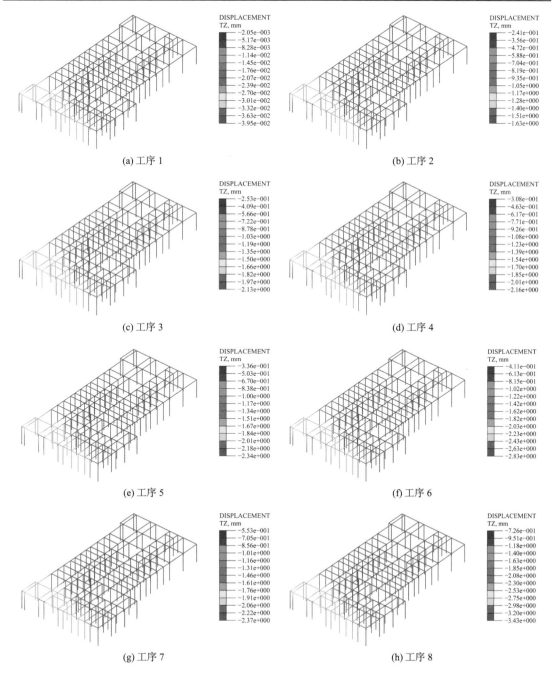

(a) 工序 1

(b) 工序 2

(c) 工序 3

(d) 工序 4

(e) 工序 5

(f) 工序 6

(g) 工序 7

(h) 工序 8

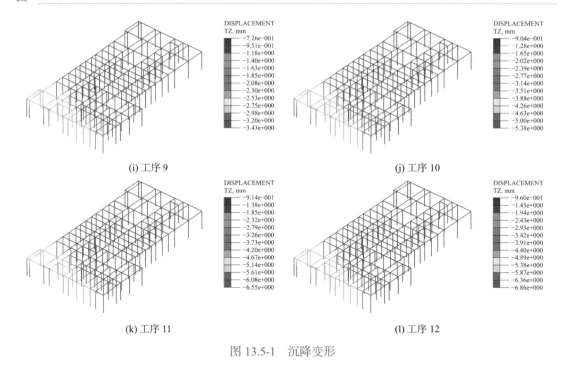

(i) 工序 9   (j) 工序 10

(k) 工序 11   (l) 工序 12

图 13.5-1 沉降变形

13.6 水平位移

计算结果显示：打桩完成后，既有结构东西方向最大水平位移约为 0.02mm，南北方向最大水平位移约为 0.01mm。随着基坑的开挖，既有结构产生了一定的水平位移，综合考虑降水和开挖的影响，既有结构东西方向最大水平位移约为 1.32mm，南北方向最大水平位移约为 1.14mm。各个工序下东西向及南北向累积最大位移如表 13.6-1 所示，典型工序水平位移云图如图 13.6-1、图 13.6-2 所示。

既有结构水平位移统计表（向西为−，向东为＋）（向南为−，向北为＋） 表 13.6-1

工序	东西方向累计最大值（mm）	南北方向累计最大值（mm）
1	0.02	0.01
2	0.04	0.09
3	0.21	0.14
4	0.27	0.19
5	0.27	0.20
6	0.36	0.26
7	0.41	0.37
8	0.43	0.37

续表

工序	东西方向累计最大值（mm）	南北方向累计最大值（mm）
9	0.65	0.56
10	0.96	0.78
11	1.25	0.99
12	1.32	1.14

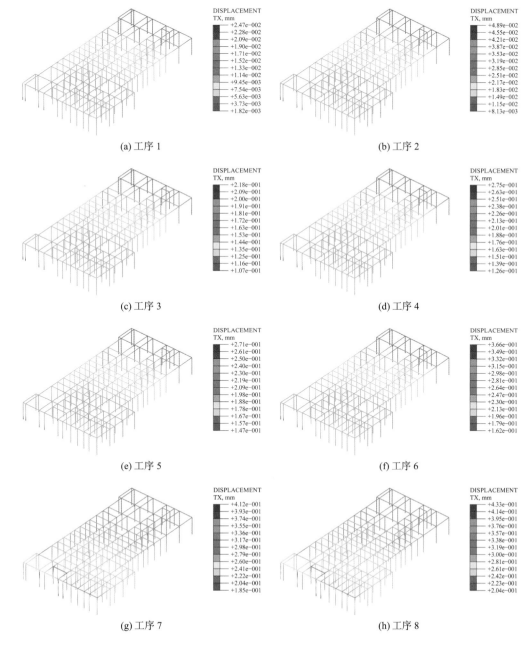

(a) 工序 1　　　　　　　　　　　　　　(b) 工序 2

(c) 工序 3　　　　　　　　　　　　　　(d) 工序 4

(e) 工序 5　　　　　　　　　　　　　　(f) 工序 6

(g) 工序 7　　　　　　　　　　　　　　(h) 工序 8

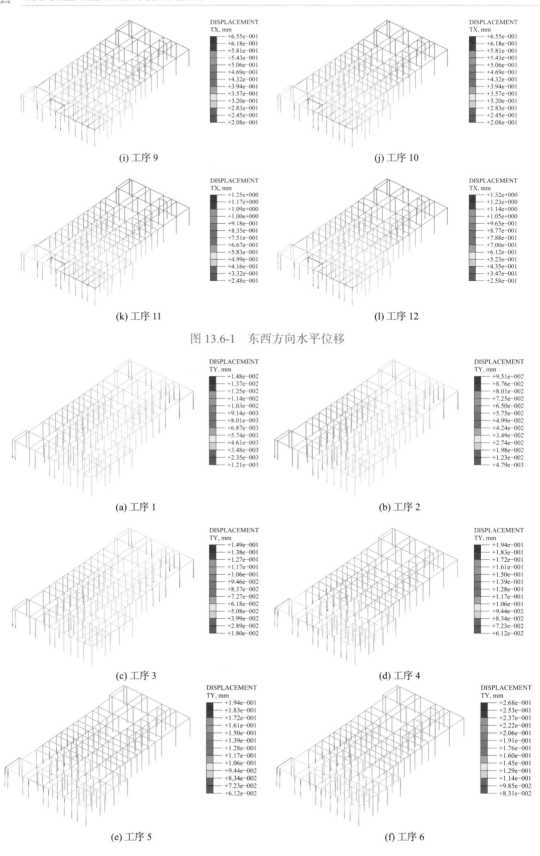

(i) 工序 9   (j) 工序 10

(k) 工序 11   (l) 工序 12

图 13.6-1 东西方向水平位移

(a) 工序 1   (b) 工序 2

(c) 工序 3   (d) 工序 4

(e) 工序 5   (f) 工序 6

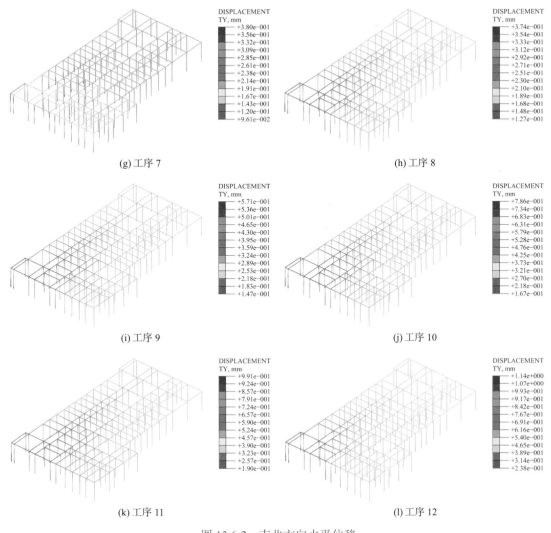

(g) 工序 7　　　　　　　　　　　　　　　　　(h) 工序 8

(i) 工序 9　　　　　　　　　　　　　　　　　(j) 工序 10

(k) 工序 11　　　　　　　　　　　　　　　　(l) 工序 12

图 13.6-2　南北方向水平位移

13.7　评估结论

通过建立三维地层-结构模型进行施工模拟计算，并综合拟建结构施工对既有结构的专项设计和加固等相应措施，在充分研究现有资料和技术措施的前提下，得出如下结论：

（1）打桩完成后，既有七层框架结构房屋结构沉降最大值约为 0.04mm，最大差异沉降率约为 0.02‰。随着基坑的开挖，既有七层框架结构房屋结构沉降出现先增大后逐渐平稳趋势，综合考虑降水和开挖的影响，既有七层框架结构房屋结构沉降最大值约为 6.86mm，最大差异沉降率约为 0.69‰。

（2）打桩完成后，既有结构东西方向最大水平位移约为 0.02mm，南北方向最大水平位移约为 0.01mm。随着基坑的开挖，既有结构产生了一定的水平位移，综合考虑降水和开挖的影响，既有结构东西方向最大水平位移约为 1.32mm，南北方向最大水平位移约为 1.14mm。

（3）依据相关设计和规范，考虑拟建结构施工对既有七层框架结构房屋结构发生变形的影响，结构极限承载能力满足规范要求。

（4）根据最不利原则，参考数值模拟计算结果、国内类似工程经验，对既有七层框架结构房屋结构推荐如表 13.7-1 所示控制指标值。

既有七层框架结构房屋结构变形推荐控制指标 表 13.7-1

项目	预警值（70%）	报警值（85%）	控制值
结构差异沉降率（‰）	0.70	0.85	1.00
结构沉降（mm）	10.5	12.8	15.0
变形速率（mm/d）	2		

第14章

车站风亭明挖基坑邻近既有车站出入口

14.1 工程概况

既有地铁车站为地下双层三跨岛式站台车站，车站采用明挖法施工，跨路口换乘处采用盖挖法施工。

拟建车站风亭明挖基坑与既有车站出入口最近水平距离约为 5.75m。拟建车站风亭明挖基坑开挖和坑外降水过程中易对既有车站出入口结构产生一定程度的扰动，可能会引起既有车站出入口结构开裂等风险，该工程施工为Ⅱ级风险。

14.2 地质条件

根据钻探资料及室内土工试验结果，按地层沉积年代、成因类型，将本工程场地勘探范围内的土层划分为人工堆积层（Q_4^{ml}）、第四系中更新统冲洪积层（Q_4^{al+pl}）、白垩系泥岩层（K）、白垩系砂岩层（K）四大类。并按地层岩性及其物理力学性质进一步分为 8 个小层，土层物理力学参数见表 14.2-1。

杂填土①层：杂色，湿，松散，以黏性土为主，含大量建筑垃圾、砖渣、生活垃圾等，局部表层为混凝土地面或沥青路面。该层连续分布，厚度 2.00～4.60m，层底标高 195.26～197.95m。

粉质黏土②$_{A2-1}$层：黄褐色—褐黄色，可塑偏软，摇振无反应，稍光滑，干强度和韧性中等，压缩模量为 4.6MPa，压缩系数为 0.39MPa^{-1}，中等压缩性；本层土厚度 1.80～4.60m，层底标高 191.08～193.20m。

粉质黏土②$_{A2}$层：灰褐色—灰黑色，可塑偏软，摇振无反应，稍光滑，干强度和韧性中等，压缩模量为 5.3MPa，压缩系数为 0.33MPa^{-1}，中等压缩性，有机质含量为 3.0%～8.8%，平均值为 4.1%，为无机土；本层土厚度 1.00～3.40m，层底标高 193.83～196.02m。

中粗砂②$_{A7}$层：灰褐色，饱和，中密—密实，矿物成分主要由长石、石英组成，级配一般，标准贯入试验锤击数实测值 16～35 击，平均 27 击/30cm，为中密；本层土厚度 1.80～

4.90m，层底标高 187.50～190.31m。

全风化泥岩③₁层：为紫红色、棕红色，泥质结构，层状构造，原岩结构基本破坏，有少量残余结构强度，泥岩呈黏土状，硬塑—坚硬状态，遇水易软化、崩解，失水易硬化、干裂，易钻进，泥岩岩芯较完整。标准贯入试验锤击数实测值 32～42 击，平均 35 击/30cm。本层土厚度 1.20～5.00m，层底标高 193.83～196.02m。

强风化泥岩③₂层：为紫红色、棕红色，泥质结构，层状构造，原岩结构大部分破坏，风化裂隙发育，泥岩岩芯呈柱状—长柱状，遇水易软化、崩解，失水易硬化、干裂，干钻不易钻进，局部夹粉砂岩，粉砂岩呈块状及短柱状，局部见钙质胶结砂岩，强度较泥岩高，泥岩岩芯较完整，砂岩岩芯较破碎。标准贯入试验锤击数实测值 52～94 击，平均 74 击/30cm，单轴抗压强度（天然）平均值为 0.2MPa，为极软岩，岩体破碎，岩体基本质量等级为 V 级，RQD 为 35%～50%。本层土厚度 3.60～8.10m，层底标高 178.17～182.10m。

中风化泥岩③₃层：为紫红色、棕红色，泥质结构，层状构造，原岩结构部分破坏，风化裂隙发育，泥岩岩芯呈长柱状，遇水易软化、易崩解，失水易硬化、干裂，钻进难度增大，粉砂岩呈块状及柱状，强度较泥岩高，岩芯呈柱状，较为完整。单轴抗压强度（天然）平均值为 0.8MPa，为极软岩，岩体完整程度为较完整，岩体基本质量等级为 V 级，RQD 为 75%～85%，RQD 为 70%～80%。本次钻探未揭穿该层，本次钻探揭露厚度 3.60～15.00m，层底标高 144.67～171.86m。

中风化砂岩④₃层：棕红色，砂粒结构，局部含钙质胶结，岩芯呈块及柱状，岩块坚硬，矿物成分以石英、长石为主，干钻不易钻进，局部夹泥岩层。单轴抗压强度（天然）平均值为 4.8MPa，为极软岩，RQD 为 70%～80%。本次勘察未揭穿该土层，揭露厚度 7.00～27.00m，层底标高 144.83～159.67m。

本次勘察共布置专门水位测量孔 4 个（XZ7DH-02、XZ7DH-09、XZ7DH-14、XZ7DH-16），由于场地原因，目前仅完成 1 个水位测量孔即 XZ7DH-02，水位埋深 2.70m，标高 197.25m，观测时间：2019 年 2 月 17 日，观测到 1 层地下水，主要为粉质黏土孔隙潜水（二）：含水层主要为粉质黏土②_{A2-1}、中粗砂②_{A7}层、全风化泥岩③₁层。本场地地下水主要接受大气降水入渗补给，以蒸发、向下越流方式排泄。低水位期为 4～6 月，高水位期为 9～10 月，静水位年变幅 2.0～3.0m，动水位年变幅达 3.0m 以上。

土层物理力学参数 表 14.2-1

地层编号	地层名称	天然密度（g/cm³）	静止侧压力系数	黏聚力（kPa）	内摩擦角（°）	承载力特征值（kPa）	水平基床系数（MPa/m）	垂直基床系数（MPa/m）	土体与锚固体极限粘结强度标准值（kPa）	渗透系数（m/d）
①	杂填土	1.75	—	5	8	—	—	—	16	—
②_{A2-1}	粉质黏土	1.95	0.47	32	18	180	28	28	45	0.50

续表

地层编号	地层名称	天然密度（g/cm³）	静止侧压力系数	黏聚力（kPa）	内摩擦角（°）	承载力特征值（kPa）	水平基床系数（MPa/m）	垂直基床系数（MPa/m）	土体与锚固体极限粘结强度标准值（kPa）	渗透系数（m/d）
②$_{A2}$	粉质黏土	1.93	0.52	32	17	160	25	24	40	0.5
②$_{A7}$	中粗砂	2.1	0.35	0	32	260	35	30	90	34
③$_1$	全风化泥岩	2.02	0.34	35	20	290	43.	35	80	0.5
③$_2$	强风化泥岩	2.11	0.32	60	25	450	160	135	150	0.4
③$_3$	中风化泥岩	2.14	0.28	120	35	600	220	200	160	0.3
④$_3$	中风化砂岩	2.22	0.26	120	38	900	230	200	260	0.35

14.3　计算模型

本次评估计算采用基于有限元软件 midas GTS NX，建立三维地层-结构模型进行计算。计算模型长度为 140m，宽度为 140m，深度为 50m，计算模型如图 14.3-1 所示。

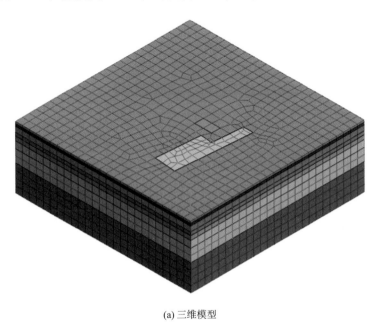

(a) 三维模型

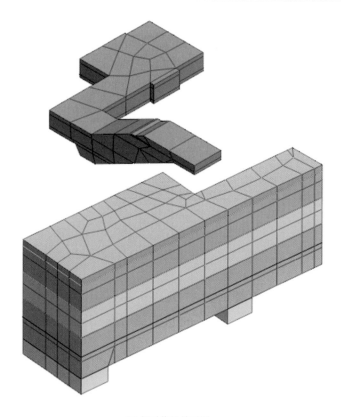

(b) 相对位置关系图

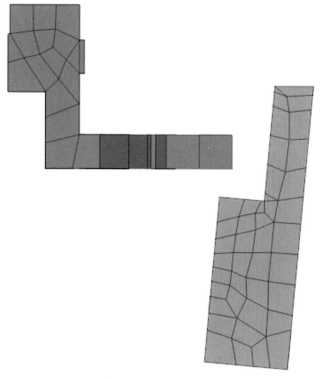

(c) 平面图

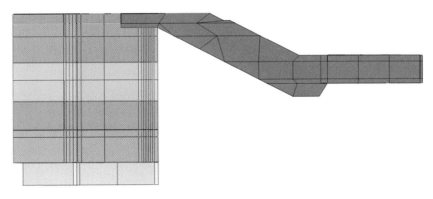

(d) 侧视图 1

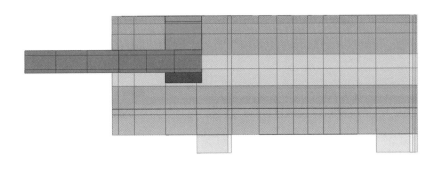

(e) 侧视图 2

图 14.3-1　计算模型

14.4　计算工序

依据设计图纸，本次计算共 4 个主要工序，具体施工顺序如图 14.4-1 所示。

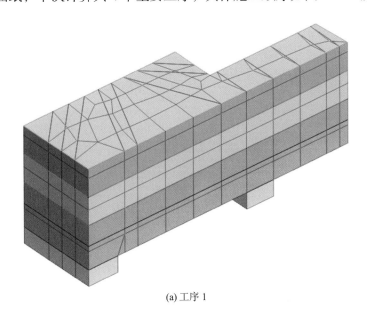

(a) 工序 1

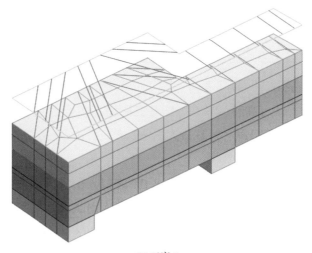

(b) 工序 2

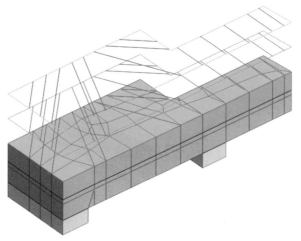

(c) 工序 3

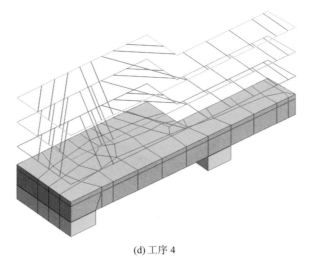

(d) 工序 4

图 14.4-1　计算工序

（1）工序 1：降水并开挖至冠梁底标高，施作围护桩、冠梁及第一道支撑；

（2）工序 2：开挖至第二道支撑以下 0.5m；

（3）工序 3：开挖至第三道支撑以下 0.5m；

（4）工序 4：开挖至坑底设计标高。

14.5　沉降及差异沉降

计算结果显示：随着降水和基坑的开挖，既有结构沉降先增大后逐渐平稳趋势，综合考虑降水和开挖的影响，既有结构沉降最大值约为 7.81mm，最大差异沉降率约为 0.68‰。各个工序下累积最大沉降及工序差值如表 14.5-1 所示，沉降云图如图 14.5-1 所示。

各个工序下累积最大沉降及工序差值（−表示沉降，+表示上抬）　　表 14.5-1

工序	累计最大值（mm）	工序差值（mm）
1	−1.70	−2.50
2	−4.20	−3.20
3	−7.40	−0.41
4	−7.81	

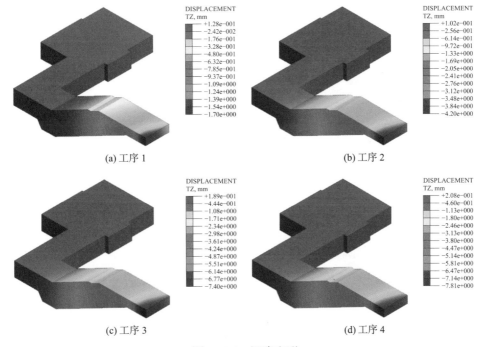

(a) 工序 1　　(b) 工序 2

(c) 工序 3　　(d) 工序 4

图 14.5-1　沉降变形

14.6 水平位移

计算结果显示：随着降水和基坑的开挖，既有结构产生了一定的水平位移，综合考虑降水和开挖的影响，既有结构东西方向最大水平位移约为 2.46mm，南北方向最大水平位移约为 1.26mm。各个工序下东西向及南北向累积最大位移如表 14.6-1 所示，水平位移云图如图 14.6-1 和图 14.6-2 所示。

既有结构水平位移统计表（向西为−，向东为+）（向南为−，向北为+） 表 14.6-1

工序	东西方向累计最大值（mm）	南北方向累计最大值（mm）
1	0.58	0.25
2	1.23	0.24
3	2.22	−1.09
4	2.46	−1.26

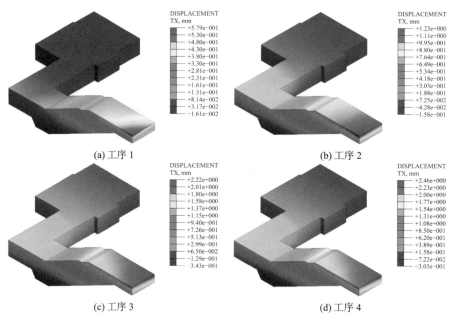

(a) 工序 1   (b) 工序 2

(c) 工序 3   (d) 工序 4

图 14.6-1 东西方向水平位移

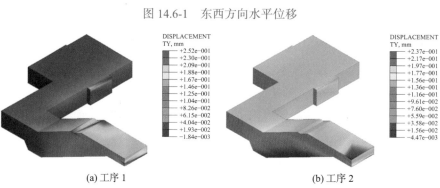

(a) 工序 1   (b) 工序 2

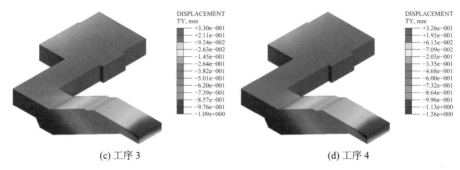

(c) 工序 3　　　　　　　　　　　　　　　(d) 工序 4

图 14.6-2　南北方向水平位移

14.7　评估结论

通过建立三维地层-结构模型进行施工模拟计算，并综合拟建结构施工对既有结构的专项设计和加固等相应措施，在充分研究现有资料和技术措施的前提下，得出如下结论：

（1）随着降水和基坑的开挖，既有结构沉降出现先增大后逐渐平稳趋势，综合考虑降水和开挖的影响，既有结构沉降最大值约为 7.81mm，最大差异沉降率约为 0.68‰。

（2）随着降水和基坑的开挖，既有结构产生了一定的水平位移，综合考虑降水和开挖的影响，既有结构东西方向最大水平位移约为 2.46mm，南北方向最大水平位移约为 1.26mm。

（3）依据相关设计和规范，考虑拟建结构施工对既有地铁车站西南侧出入口结构发生变形的影响，结构极限承载能力满足规范要求。

（4）根据最不利原则，参考数值模拟计算结果、国内类似工程经验，对既有地铁车站西南侧出入口结构推荐如表 14.7-1 所示控制指标值。

既有地铁车站西南侧出入口结构变形推荐控制指标　　　　　　　表 14.7-1

项目	预警值（70%）	报警值（85%）	控制值
车站结构差异沉降率（‰）	0.70	0.85	1.00
车站结构沉降（mm）	7.0	8.5	10.0
轨道横向高差（mm）	2.5	3.5	4.0
变形速率（mm/d）	1		

第 15 章

明挖竖井邻近既有七层框架结构房屋

15.1 工程概况

　　某地铁车站范围内道路规划标高为 198.47～199.02m，车站主体覆土高度 8.783～8.943m。车站为岛式站台，有效站台宽度 14m，车站总长 197.1m，车站净宽 22.9m，有效站台中线处轨顶标高为 175.753m。车站主体结构为双层三跨拱顶直墙结构，采用浅埋暗挖一次扣拱法施工。该地铁暗挖车站共设置 4 个出入口、1 个换乘通道、1 个消防安全出口和 2 个风亭。1 号竖井位于车站西北象限，采用明挖法施工。

　　既有七层框架结构房屋建于 20 世纪 90 年代，结构类型为地上 7 层框架结构，建筑面积为 11198.16m²，结构总长度为 90.6m、总宽度为 21.3m、高度为 23.1m。房屋建筑外观如图 15.1-1 所示。

图 15.1-1　既有结构建筑外观图

拟建某地铁暗挖车站1号竖井与既有七层框架结构房屋风险源最近水平距离为16.8m。某地铁暗挖车站1号竖井开挖和坑外降水过程中易对既有七层框架结构房屋结构产生一定程度的扰动，可能会引起既有七层框架结构房屋基础不均匀沉降、结构开裂等风险，该工程风险等级为Ⅱ级。

15.2　地质条件

本次勘察揭露地层最大深度为 55.0m，根据钻探资料及室内土工试验结果，按地层沉积年代、成因类型，将本工程场地勘探范围内的土层划分为人工堆积填土层（Q_4^{ml}）、第四系全新统冲洪积层（Q_4^{al+pl}）、白垩系泥岩层（K）、白垩系砂岩层（K）四大类。并按地层岩性及其物理力学性质进一步分为9个亚层。

（1）人工堆积填土层（Q_4^{ml}）

杂填土①层：杂色，湿，松散，以黏性土为主，含大量建筑垃圾、砖渣、生活垃圾等，表层为混凝土地面或沥青路面。本层土厚度 1.00～3.50m，层底标高 195.10～197.75m。

粉质黏土素填土①$_1$层：灰黑色，可塑，主要以粉质黏土为主，含少量碎石。该层仅在钻孔 DNHDL-10 有分布，厚度 1.80m，层底标高 195.95m。

（2）第四系全新统冲洪积层（Q_4^{al+pl}）

粉质黏土②$_{A2-1}$层：黄褐色，局部灰褐色，可塑，摇振无反应，稍光滑，干强度和韧性中等，含有机质，压缩模量为 4.1MPa，压缩系数为 0.47MPa^{-1}，中等压缩性。标准贯入试验锤击数实测值5击，平均5击/30cm。本层土厚度 0.50～3.90m，层底标高 192.39～195.99m。

中粗砂②$_{A7}$层：灰褐色、浅灰色、灰色，中密，饱和，矿物成分主要由长石石英组成，级配一般，标准贯入试验锤击数实测值 16～29 击，平均 22 击/30cm。本层砂厚度 1.70～4.60m，层底标高 188.99～192.93m。

（3）白垩系泥岩层（K）

全风化泥岩③$_1$层：紫红色、棕红色、灰绿色，泥质结构，层状构造，原岩结构基本破坏，有少量残余结构强度，泥岩呈黏土状，硬塑—坚硬状态，遇水易软化，易崩解，失水硬化干裂，易钻进，泥岩岩芯较完整，局部夹泥质粉砂岩，呈砂土状，强度较泥岩高，局部见少量钙质胶结砂岩，岩芯破碎。标准贯入试验锤击数实测值31～46 击，平均 38 击/30cm。本层泥岩厚度 1.70～6.30m，层底标高 184.89～190.18m。

强风化泥岩③$_2$层：紫红色、棕红色、灰绿色，局部灰白色，泥质结构，层状构造，原岩结构大部分被破坏，风化裂隙发育，泥岩岩芯呈柱状—长柱状，遇水易软化，易崩解，失水硬化干裂，较难钻进，局部夹粉砂岩，粉砂岩呈块状及短柱状，局部见钙质胶结砂岩强度较泥岩高。标准贯入试验锤击数实测值 54～100 击，平均 69 击/30cm，单轴抗压强度（天然）平均值为 0.3MPa，为极软岩，岩体较破碎，岩体基本质量等级为 V 级，RQD 为

30%～45%。本层泥岩厚度 2.40～10.50m，层底标高 178.22～187.68m。

中风化泥岩③₃层：紫红色、棕红色、灰绿色，局部褐红色、灰白色，泥质结构，层状构造，原岩结构部分破坏，风化裂隙较发育，泥岩岩芯呈长柱状，遇水易软化，易崩解，失水硬化干裂，钻进难度增大，局部夹粉砂岩，粉砂岩呈块状及柱状，强度较泥岩高，单轴抗压强度（天然）平均值为 1.7MPa。为极软岩，岩芯呈柱状，岩体较为完整，岩体基本质量等级为 V 级，RQD 为 75%～85%。本次勘察未揭穿该土层。

（4）白垩系砂岩层（K）

强风化砂岩④₂层：灰褐色、青灰色，砂粒结构，泥质胶结，岩芯呈碎石状及柱状，有少量残余强度，手掰不易碎，结构大部分破坏，可见原岩结构，用手不易掰碎，敲击易碎，干钻不易钻进，局部夹泥岩层。标准贯入试验锤击数实测值 150 击/30cm，单轴抗压强度（天然）平均值为 1.1MPa，为极软岩。岩体较破碎，岩体基本质量等级为 V 级，RQD 为 35%～45%。本层局部缺失，厚度 1.40～5.70m，层底标高 177.89～186.28m。

中风化砂岩④₃层：灰褐色、灰绿色、青灰色、灰白色，砂粒结构，泥质胶结，岩芯呈块及柱状，岩块坚硬，矿物成分以石英、长石为主，干钻不易钻进，局部夹泥岩层。单轴抗压强度（天然）平均值为 2.0MPa，为极软岩。岩体较为完整，岩体基本质量等级为 V 级，RQD 为 75%～85%。本次勘察未揭穿该土层。

土层物理力学参数如表 15.2-1 所示。

土层物理力学参数 表 15.2-1

地层编号	地层名称	天然密度（g/cm³）	静止侧压力系数	黏聚力（kPa）	内摩擦角（°）	承载力特征值（kPa）	水平基床系数（MPa/m）	垂直基床系数（MPa/m）	土体与锚固体极限粘结强度标准值（kPa）	渗透系数（m/d）	侧阻力特征值（kPa）	端阻力特征值（kPa）
①	杂填土	1.75	—	5	8	—	—	—	—	—	—	—
①₁	粉质黏土素填土	1.80	—	12	10	—	—	—	—	—	—	—
②_{A2-1}	粉质黏土	1.91	0.59	35	17	160	22	28	40	0.50	25	—
②_{A7}	中粗砂	2.10	0.38	0	28	280	30	35	200	30.0	35	—
③₁	全风化泥岩	1.95	0.34	35	20	290	35	41	60	0.50	35	700
③₂	强风化泥岩	2.12	0.32	60	25	450	135	160	600	0.40	60	900
③₃	中风化泥岩	2.24	0.28	120	35	600	200	220	650	—	78	1200

地层编号	地层名称	天然密度（g/cm³）	静止侧压力系数	黏聚力（kPa）	内摩擦角（°）	承载力特征值（kPa）	水平基床系数（MPa/m）	垂直基床系数（MPa/m）	土体与锚固体极限粘结强度标准值（kPa）	渗透系数（m/d）	侧阻力特征值（kPa）	端阻力特征值（kPa）
④₂	强风化砂岩	2.21	0.30	60	28	500	140	165	650	0.45	65	900
④₃	中风化砂岩	2.25	0.26	120	38	900	200	230	700	—	85	1200

15.3 计算模型

本次评估计算采用基于有限元软件 midas GTS NX，建立三维地层-结构模型进行计算。计算模型长度为 134m，宽度为 101m，深度为 50m，计算模型如图 15.3-1 所示。

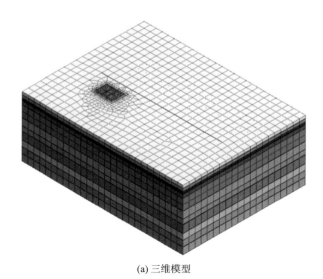

(a) 三维模型

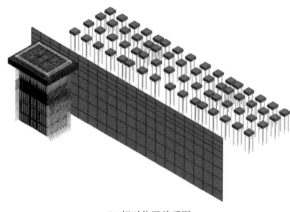

(b) 相对位置关系图

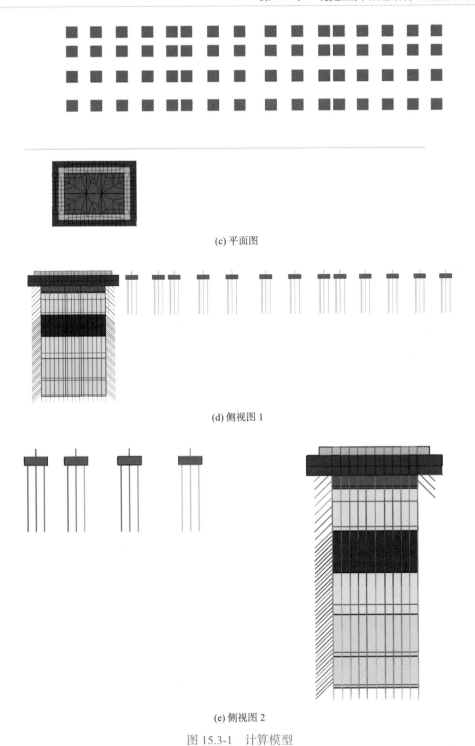

(c) 平面图

(d) 侧视图 1

(e) 侧视图 2

图 15.3-1　计算模型

15.4　计算工序

依据设计图纸，本次计分为 6 个主要工序，具体施工顺序如图 15.4-1 所示。

（1）工序 1：施作隔离桩，降水并开挖至地表以下 −5m 标高，开挖过程中边开挖边施作初期支护；

（2）工序 2：开挖至地表以下 −10m 标高，开挖过程中边开挖边施作初期支护；

（3）工序 3：开挖至地表以下 −15m 标高，开挖过程中边开挖边施作初期支护；

（4）工序 4：开挖至地表以下 −20m 标高，开挖过程中边开挖边施作初期支护；

（5）工序 5：开挖至地表以下 −25m 标高，开挖过程中边开挖边施作初期支护；

（6）工序 6：开挖至坑底，开挖过程中边开挖边施作初期支护。

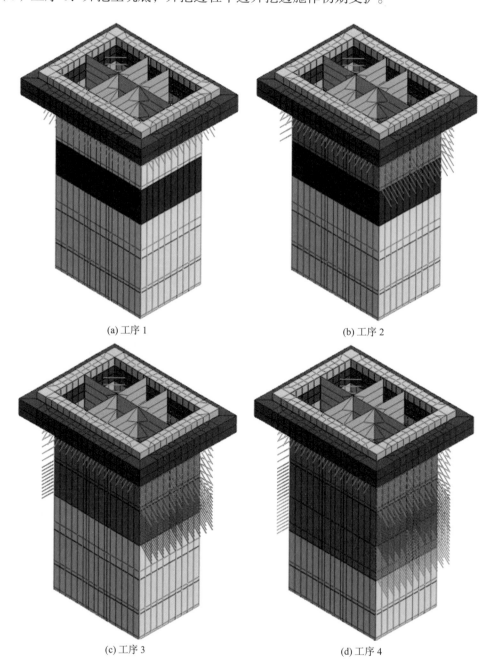

(a) 工序 1   (b) 工序 2

(c) 工序 3   (d) 工序 4

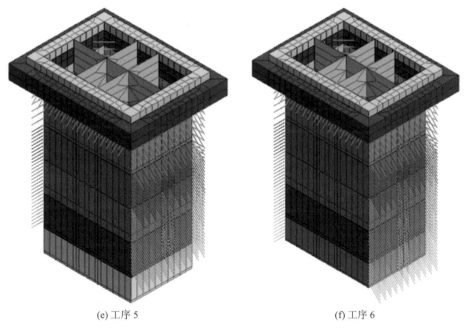

| (e) 工序 5 | (f) 工序 6 |

图 15.4-1　计算工序

15.5　沉降及差异沉降

计算结果显示：随着竖井的开挖，既有七层框架结构房屋结构沉降出现先增大后逐渐平稳趋势，综合考虑降水和开挖的影响，既有七层框架结构房屋结构沉降最大值约为 6.68mm，最大差异沉降率约为 0.36‰。各个工序下累积最大沉降及最大差异沉降率如表 15.5-1 所示，沉降云图如图 15.5-1 所示。

各个工序下累积最大沉降及最大差异沉降率（−表示沉降，+表示上抬）　表 15.5-1

工序	累计最大值（mm）	最大差异沉降率（‰）
1	1.48	0.07
2	2.71	0.16
3	3.78	0.19
4	4.67	0.25
5	5.18	0.27
6	6.68	0.36

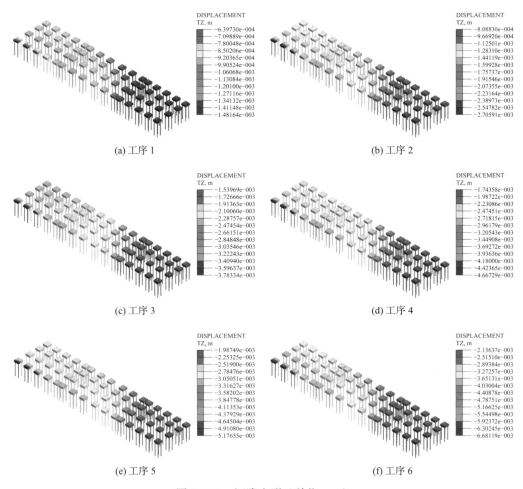

(a) 工序 1

(b) 工序 2

(c) 工序 3

(d) 工序 4

(e) 工序 5

(f) 工序 6

图 15.5-1　沉降变形（单位：m）

15.6　水平位移

计算结果显示：随着竖井的开挖，既有结构产生了一定的水平位移，综合考虑降水和开挖的影响，既有结构东西方向最大水平位移约为 0.73mm，南北方向最大水平位移约为 2.42mm。各个工序下东西向及南北向累积最大位移如表 15.6-1 所示，水平位移云图如图 15.6-1、图 15.6-2 所示。

既有结构水平位移统计表（向西为−，向东为＋）（向南为−，向北为＋）　表 15.6-1

工序	东西方向累计最大值（mm）	南北方向累计最大值（mm）
1	0.09	−0.41
2	0.18	−0.75
3	0.37	−1.47

续表

工序	东西方向累计最大值（mm）	南北方向累计最大值（mm）
4	0.38	−1.92
5	0.49	−2.02
6	0.73	−2.42

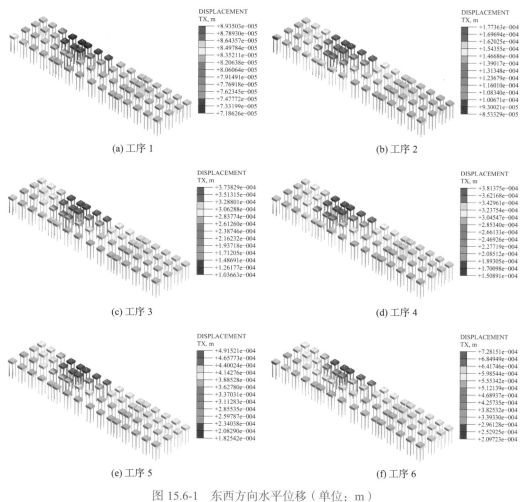

图 15.6-1　东西方向水平位移（单位：m）

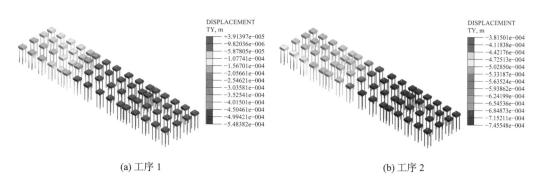

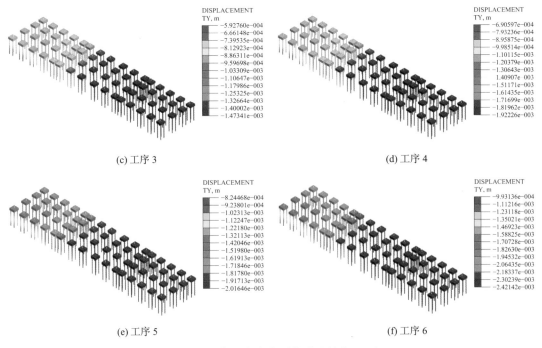

(c) 工序 3   (d) 工序 4

(e) 工序 5   (f) 工序 6

图 15.6-2 南北方向水平位移（单位：m）

15.7 评估结论

通过建立三维地层-结构模型进行施工模拟计算，并综合拟建结构施工对既有结构的专项设计和加固等相应措施，在充分研究现有资料和技术措施的前提下，得出如下结论：

（1）随着竖井的开挖，既有七层框架结构房屋结构沉降出现先增大后逐渐平稳趋势，综合考虑降水和开挖的影响，既有七层框架结构房屋结构沉降最大值约为 6.68mm，最大差异沉降率约为 0.36‰。

（2）随着竖井的开挖，既有结构产生了一定的水平位移，综合考虑降水和开挖的影响，既有结构东西方向最大水平位移约为 0.73mm，南北方向最大水平位移约为 2.42mm。

（3）依据相关设计和规范，考虑拟建结构施工对既有七层框架结构房屋结构发生变形的影响，结构极限承载能力满足规范要求。

（4）根据最不利原则，参考数值模拟计算结果、国内类似工程经验，对既有七层框架结构房屋结构推荐如表 15.7-1 所示控制指标值。

既有七层框架结构房屋结构变形推荐控制指标   表 15.7-1

项目	预警值（70%）	报警值（85%）	控制值
结构差异沉降率（‰）	0.70	0.85	1.00

项目	预警值（70%）	报警值（85%）	控制值
结构沉降（mm）	10.5	12.8	15.0
变形速率（mm/d）	2		

第 16 章

明挖竖井邻近既有七层砖混结构房屋

16.1 工程概况

　　某地铁车站结构位于既有城市快速路高架桥桥桩之间，分别距离南北两侧桥墩 10m、11m。车站范围内道路规划标高为 220.47～224.52m，车站主体覆土高度 9.3～11.7m；本车站为岛式站台，有效站台宽度 13m，车站总长 210.9m。车站净宽 20.3m，有效站台中线处轨顶标高为 198.721m。本车站共设置 4 个出入口、1 个消防安全出口和 2 个风亭。本车站主体结构为双层三跨拱顶直墙结构，采用浅埋暗挖一次扣拱法施工。车站 1 号竖井采用倒挂井壁法施工。

　　明挖竖井邻近既有房屋建于 1991 年，结构类型为地上 7 层砖混结构，建筑面积为 5017.81m²，结构总长度为 67.1m，总宽度为 13.3m，高度为 23.7m。既有结构建筑外观如图 16.1-1 所示。

图 16.1-1　既有结构建筑外观图

拟建结构与风险源平面上为下穿的关系，拟建车站明挖竖井与既有七层砖混结构房屋基础风险源最近水平距离为9.4m。明挖竖井开挖和坑外降水过程中易对既有七层砖混结构房屋结构产生一定程度的扰动，可能会引起既有七层砖混结构房屋基础不均匀沉降、结构开裂等风险，该工程施工为Ⅱ级风险。

16.2 地质条件

根据勘察报告，本次勘察揭露地层最大深度为55.0m，根据钻探资料及室内土工试验结果，按地层沉积年代、成因类型，将本工程场地勘探范围内的土层划分为人工堆积填土层（Q_4^{ml}）、第四系全新统冲洪积层（Q_4^{al+pl}）、白垩系泥岩层（K）三大类。并按地层岩性及其物理力学性质进一步分为9个亚层。

（1）人工堆积填土层（Q_4^{ml}）

杂填土①层：杂色，湿，松散，以黏性土为主，含大量建筑垃圾、砖渣、生活垃圾等，表层为混凝土地面或沥青路面。本层土厚度1.50～7.60m，层底标高214.15～222.45m。

（2）第四系全新统冲洪积层（Q_4^{al+pl}）

粉质黏土②$_2$层：黄褐色，可塑—硬塑，摇振无反应，切面稍有光泽，干强度和韧性中等，压缩模量为5.5MPa，压缩系数为0.34MPa^{-1}，中等压缩性；本层土厚度2.70～11.50m，层底标高208.75～215.29m。

粉质黏土②$_3$层：黄褐色，硬塑—坚硬，摇振无反应，切面有光泽，干强度和韧性高，压缩模量为9.6MPa，压缩系数为0.19MPa^{-1}，中压缩性；本层土厚度9.00～15.30m，层底标高198.75～202.29m。

（3）白垩系泥岩层（K）

全风化泥岩③$_1$层：灰白、灰绿、棕红色，泥质结构，层状构造，原岩结构基本破坏，有少量残余结构强度，泥岩呈黏土状，硬塑—坚硬状态，遇水易软化，易崩解，失水硬化干裂，易钻进，泥岩岩芯较完整，局部夹砂土状泥质粉砂岩，强度较泥岩高，局部见少量钙质胶结砂岩，岩芯破碎。标准贯入试验锤击数实测值31～47击，平均39击/30cm。本层土厚度1.80～4.80m，层底标高196.07～199.17m。

强风化泥岩③$_2$层：灰白、灰绿、棕红色，泥质结构，层状构造，原岩结构大部分破坏，风化裂隙发育，泥岩岩芯呈柱状—长柱状，遇水易软化，易崩解，失水硬化干裂，较难钻进，局部夹粉砂岩，粉砂岩呈块状及短柱状，局部见钙质胶结砂岩强度较泥岩高，泥岩芯较完整，砂岩岩芯较破碎。标准贯入试验锤击数实测值54～115击，平均85击/30cm，单轴抗压强度（天然）平均值为0.3MPa，为极软岩，岩体破碎，岩体基本质量等级为Ⅴ级。本层土厚度2.20～7.50m，层底标高189.85～195.39m。

中风化泥岩③$_3$层：灰白、灰绿、棕红色，泥质结构，层状构造，原岩结构部分破坏，风化裂隙发育，泥岩岩芯呈长柱状，遇水易软化，易崩解，失水硬化干裂，钻进难度增大，部分钻孔泥岩强度较高，局部夹粉砂岩，粉砂岩呈块状及柱状，强度较泥岩高，岩芯呈柱状，较为完整。单轴抗压强度（天然）平均值为 0.9MPa，为极软岩。岩体完整程度为较完整，岩体基本质量等级为 V 级。本次钻探未揭穿该层。

土层物理力学参数如表 16.2-1 所示。

土层物理力学参数　表 16.2-1

地层编号	地层名称	天然密度（g/cm³）	静止侧压力系数	黏聚力（kPa）	内摩擦角（°）	承载力特征值（kPa）	水平基床系数（MPa/m）	垂直基床系数（MPa/m）	单轴抗压强度（MPa）	土体与锚固体极限粘结强度标准值（kPa）	渗透系数（m/d）	侧阻力特征值（kPa）	端阻力特征值（kPa）
①	杂填土	1.75	—	—	—	—	—	—	—	—	—	—	—
②₂	粉质黏土	1.97	0.48	25	14	180	29	25	—	55	0.6	30	—
②₃	粉质黏土	2.00	0.36	33	15	270	47	46	—	65	0.4	38	—
③₁	全风化泥岩	2.00	0.39	33	22	280	42	37	—	75	0.5	40	800
③₂	强风化泥岩	2.11	0.35	60	25	450	160	130	0.3	145	—	55	1000
③₃	中风化泥岩	2.17	0.30	120	35	600	220	200	0.9	—	—	75	1200

16.3　计算模型

本次评估计算采用基于有限元软件 midas GTS NX，建立三维地层-结构模型进行计算。计算模型长度为 200m，宽度为 190m，深度为 50m，计算模型如图 16.3-1 所示。

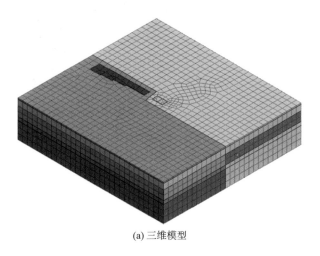

(a) 三维模型

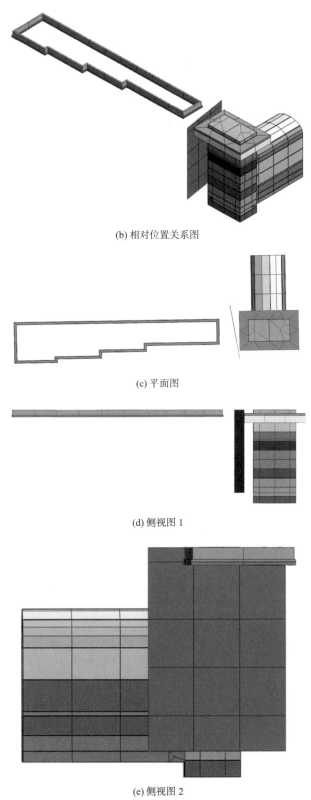

(b) 相对位置关系图

(c) 平面图

(d) 侧视图 1

(e) 侧视图 2

图 16.3-1　计算模型

16.4 计算工序

依据设计图纸，本次计算共 11 个工序，其中主要工序为 6 个工序，具体施工顺序如图 16.4-1 所示。

（1）工序 1：加固风险源及井口区域，开挖至锁口圈梁底标高并施作圈梁；

（2）工序 2：开挖至圈梁以下 3m，边开挖边支护；

（3）工序 3：开挖至圈梁以下 6m，边开挖边支护；

（4）工序 4：开挖至圈梁以下 9m，边开挖边支护；

（5）工序 5：开挖至圈梁以下 12m，边开挖边支护；

（6）工序 6：开挖至圈梁以下 15m，边开挖边支护；

（7）工序 7：开挖至圈梁以下 18m，边开挖边支护；

（8）工序 8：开挖至圈梁以下 21m，边开挖边支护；

（9）工序 9：开挖至圈梁以下 24m，边开挖边支护；

（10）工序 10：开挖至圈梁以下 27m，边开挖边支护；

（11）工序 11：开挖至竖井井底，边开挖边支护；

（12）工序 12：开挖风道，边开挖边支护。

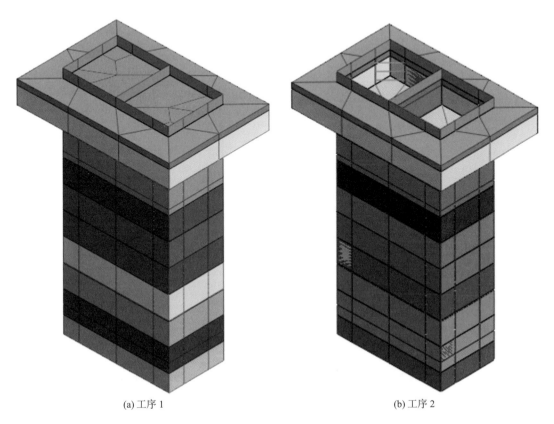

(a) 工序 1 　　　　　　　　　　　　　　　(b) 工序 2

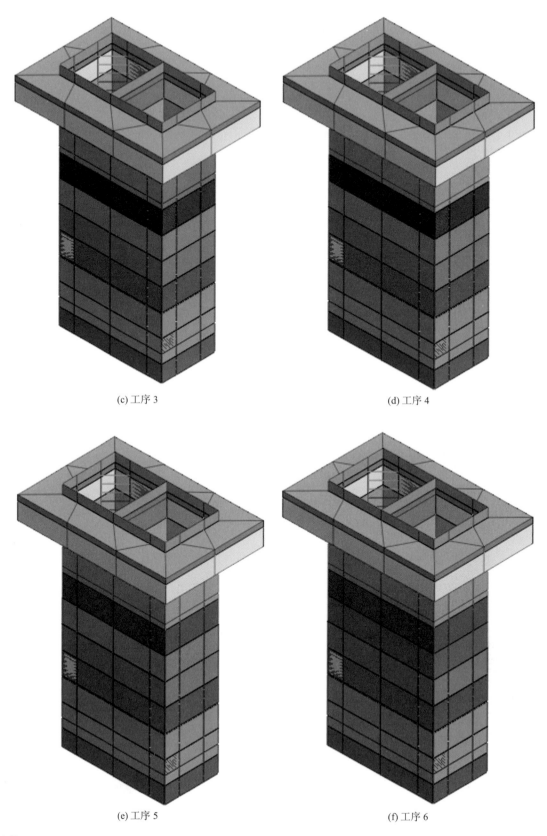

(c) 工序 3

(d) 工序 4

(e) 工序 5

(f) 工序 6

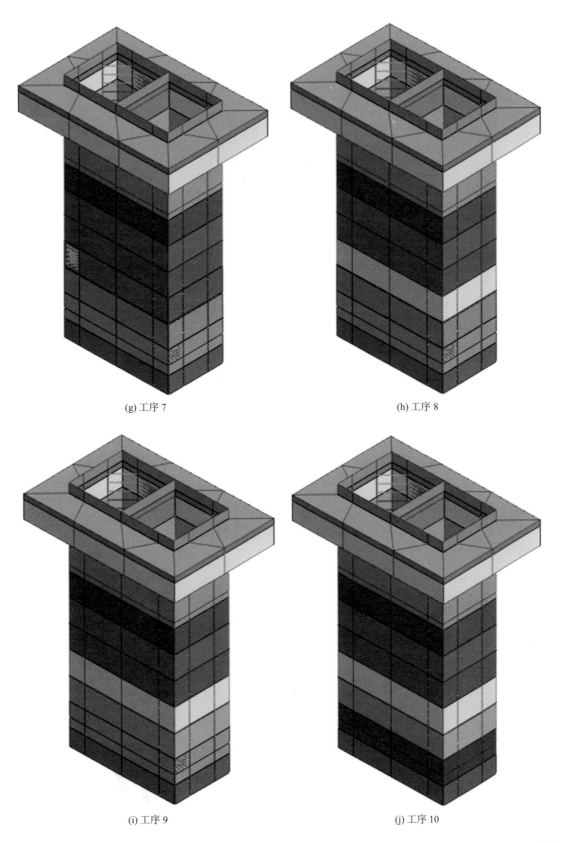

(g) 工序 7

(h) 工序 8

(i) 工序 9

(j) 工序 10

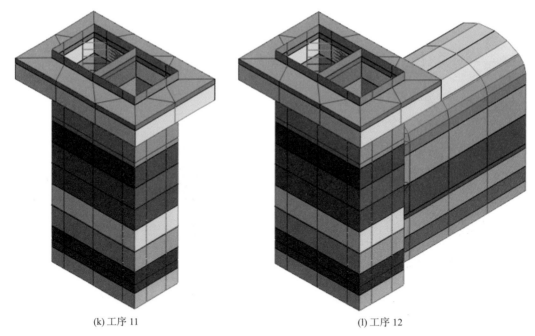

(k) 工序 11　　　　　　　　　　　　　　　　(l) 工序 12

图 16.4-1　计算工序

16.5　沉降及差异沉降

计算结果显示：随着车站竖井及风道的开挖，既有七层砖混结构房屋结构基础沉降出现先增大后逐渐平稳趋势，综合考虑降水和开挖的影响，既有七层砖混结构房屋结构基础沉降最大值约为 9.36mm，最大差异沉降率约为 0.69‰。各个工序下累积最大沉降及最大差异沉降率如表 16.5-1 所示，沉降云图如图 16.5-1 所示。

各个工序下累积最大沉降及最大差异沉降率（−表示沉降，+表示上抬）　表 16.5-1

工序	累计最大值（mm）	最大差异沉降率（‰）
1	−1.07	0.08
2	−1.24	0.09
3	−2.33	0.17
4	−2.47	0.18
5	−4.23	0.31
6	−4.51	0.33
7	−6.61	0.49
8	−8.42	0.62
9	−9.15	0.67

续表

工序	累计最大值（mm）	最大差异沉降率（‰）
10	−9.29	0.68
11	−9.33	0.69
12	−9.36	0.69

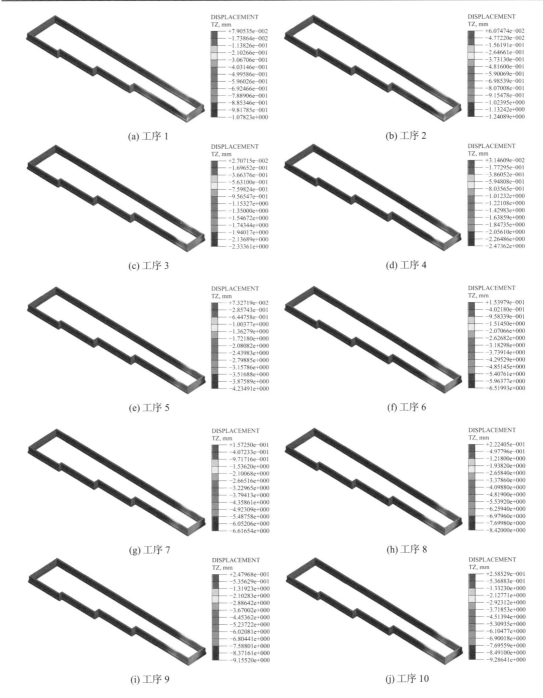

(a) 工序 1

(b) 工序 2

(c) 工序 3

(d) 工序 4

(e) 工序 5

(f) 工序 6

(g) 工序 7

(h) 工序 8

(i) 工序 9

(j) 工序 10

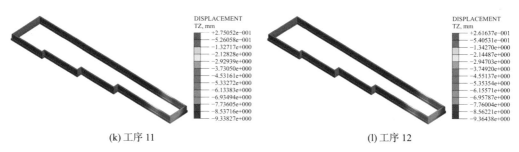

(k) 工序 11　　　　　　　　　　　　　　　　(l) 工序 12

图 16.5-1　沉降变形

16.6　水平位移

计算结果显示：随着车站竖井及风道的开挖，既有结构基础产生了一定的水平位移，综合考虑降水和开挖的影响，既有结构基础东西方向最大水平位移约为 4.81mm，南北方向最大水平位移约为 1.16mm。各个工序下东西向及南北向累积最大位移如表 16.6-1 所示，水平位移云图如图 16.6-1、图 16.6-2 所示。

既有结构水平位移统计表（向西为—，向东为＋）（向南为—，向北为＋）　表 16.6-1

工序	东西方向累计最大值（mm）	南北方向累计最大值（mm）
1	0.85	0.11
2	0.92	0.13
3	1.91	0.32
4	3.01	0.34
5	4.00	−0.66
6	4.56	−0.97
7	4.59	−1.00
8	4.62	−1.14
9	4.65	−1.04
10	4.69	−1.01
11	4.71	−1.11
12	4.81	−1.16

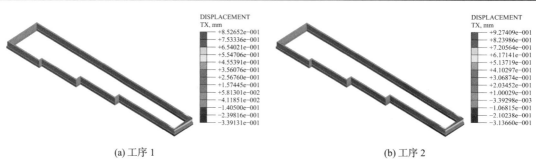

(a) 工序 1　　　　　　　　　　　　　　　　(b) 工序 2

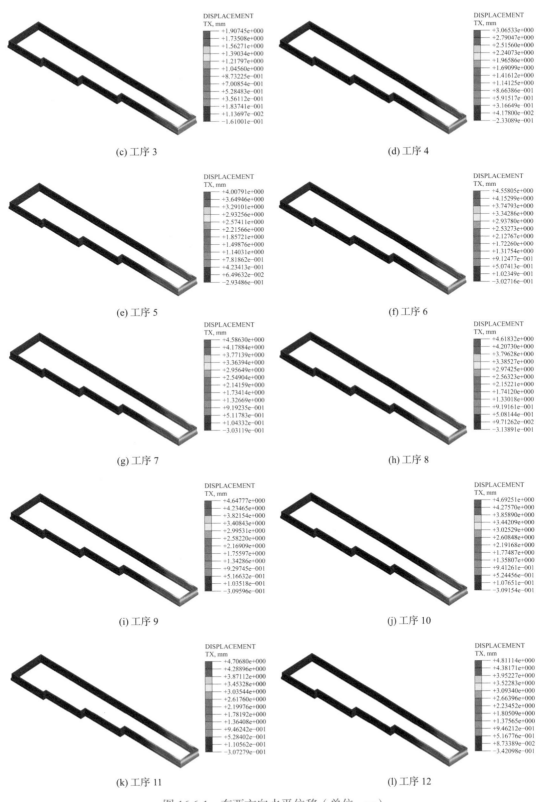

图 16.6-1　东西方向水平位移（单位：m）

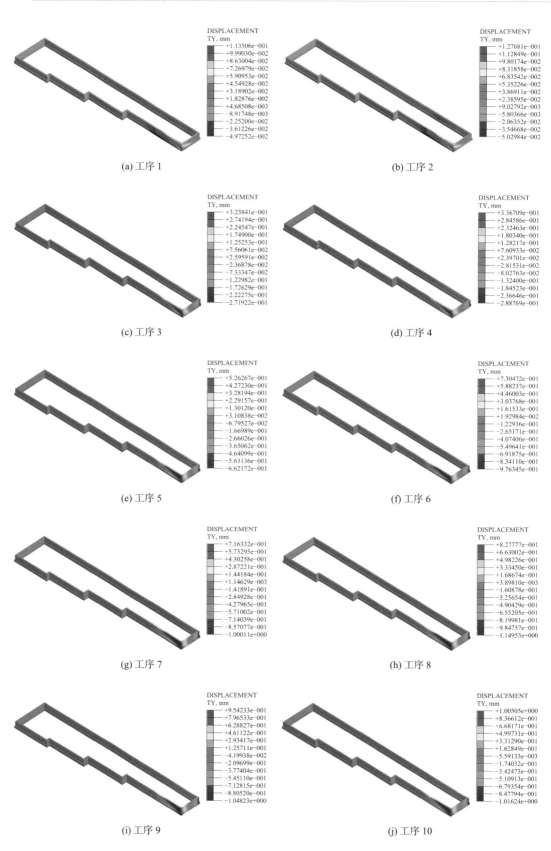

(a) 工序 1

(b) 工序 2

(c) 工序 3

(d) 工序 4

(e) 工序 5

(f) 工序 6

(g) 工序 7

(h) 工序 8

(i) 工序 9

(j) 工序 10

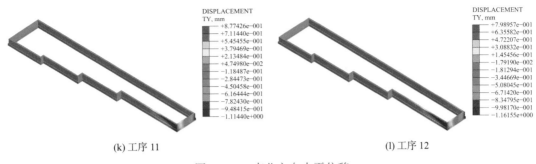

(k) 工序 11　　　　　　　　　　　　　　(l) 工序 12

图 16.6-2　南北方向水平位移

16.7　评估结论

通过建立三维地层-结构模型进行施工模拟计算，并综合拟建结构施工对既有结构的专项设计和加固等相应措施，在充分研究现有资料和技术措施的前提下，得出如下结论：

（1）随着车站竖井及风道的开挖，既有七层砖混结构房屋结构基础沉降出现先增大后逐渐平稳趋势，综合考虑降水和开挖的影响，既有七层砖混结构房屋结构基础沉降最大值约为 9.36mm，最大差异沉降率约为 0.69‰。

（2）随着车站竖井及风道的开挖，既有结构基础产生了一定的水平位移，综合考虑降水和开挖的影响，既有结构基础东西方向最大水平位移约为 4.81mm，南北方向最大水平位移约为 1.16mm。

（3）依据相关设计和规范，考虑拟建结构施工对既有七层砖混结构房屋结构发生变形的影响，结构极限承载能力满足规范要求。

（4）根据最不利原则，参考数值模拟计算结果、国内类似工程经验，对既有七层砖混结构房屋结构推荐如表 16.7-1 所示控制指标值。

既有七层砖混结构房屋结构变形推荐控制指标　　　　　　　　　　表 16.7-1

项目	预警值（70%）	报警值（85%）	控制值
结构差异沉降率（‰）	0.70	0.85	1.00
结构沉降（mm）	10.5	12.8	15.0
变形速率（mm/d）	2		

第 17 章

结语

本书总结了城市轨道交通工程施工对邻近建（构）物的安全性影响的典型案例，涉及城市轨道交通工程主要有盾构隧道、暗挖隧道、盖挖车站、暗挖车站出入口等，涉及被影响建（构）物主要有单层和多层砌体房屋、混凝土框架结构房屋、混凝土框架剪力墙结构房屋、混凝土排架结构厂房、门式钢架结构厂房等不同房屋结构类型。针对不同工法施工对不同结构类型房屋的安全性影响，以案例的形式进行了深入浅出的分析，提出了相应的变形控制指标，可为类似的工程设计及施工提供参考依据。

因建立模型计算及分析必须采取一定的假设和简化，且软件模拟无法考虑评估阶段前其他施工产生的附加影响，计算结果虽可以模拟拟建结构施工期间既有结构实际变形趋势，但由于实际建筑物结构、周边环境及条件的复杂性和不确定性，使所建模型与工程实际难以做到完全吻合，因此在施工过程中，一些关键要点的控制和加固施工将会直接影响到既有结构的安全。

类似的工程设计及施工，应重视以下控制要点和建议：

（1）拟建结构施工开挖时严禁超挖。

（2）在施工全过程内对既有结构进行变形、倾斜监测及裂缝、损伤监测。

（3）施工前，根据既有结构实际情况，制定有针对性的专项方案及应急预案。应急预案应体现既有结构的特点并具有可操作性，对控制要点要有针对性逐一落实，做好相关物资储备，建立责任体系，保证既有结构及周边环境的安全。

（4）做好工程筹划，保证连续作业，平稳、匀速开挖，避免中途停工，从而减小对既有结构的不利影响。

（5）鉴于工程周边环境复杂，施工前应对附近地下管线作充分、细致的调查，查明既有各种管线及相互关系，尤其是燃气、热力、污水、上水等主要管线，施工期间应加强对市政管线等重要设施的安全监测，确保建筑物周边环境安全，防止次生事故的发生。